MAS ALLA DE IRAK: LA PRÓXIMA JUGADA

Las profecías antiguas y la conspiración moderna se enfrentan

Michael D. Evans

EBED PRESS
NEW YORK

Mas allá de Irak: La próxima jugada
Las profecías antiguas y la conspiración moderna se enfrentan

Copyright © 2004 por Ebed Press.
3125 Villa St.
New York, NY 10468
Estados Unidos de América
E-mail: info@ebedpress.com
Website: www.ebedpress.com

ISBN: 0-9741927-3-2

Publicado originalmente en inglés por White Stone Books, Inc. con el título:
Beyond Iraq: The Next Move
Ancient Prophecy and Modern Conspiracy Collide
Copyright © 2003 by Michael D. Evans

A menos que se indique todas las citas bíblicas han sido tomadas de la Versión Reina Valera 1960 (RVR). Texto bíblico, ©1960 Sociedades Bíblicas en América Latina. Las citas bíblicas marcadas (NVI) han sido tomadas de la Santa Biblia: Nueva Versión Internacional, Todos los derechos reservados.

Disponible en otros idiomas a través de:
Access Sales International, Tulsa, OK

Impreso en los Estados Unidos de America. Todos los derechos reservados. Ninguna parte de esta publicación puede ser reproducida en ninguna forma sin el permiso escrito de Ebed Press.

Dedicación

Este libro está dedicado a los grandes hombres y mujeres que no buscan la alabanza de los hombres, sino que desean permanecer al margen... el pegamento que une las grandes naciones... Jugadores de primera fila en el juego de ajedrez de la vida que eligieron permanecer en el anonimato... aquellos que no comprometerán los principios morales ni los valores bíblicos, y quienes están decididos a encender una vela antes que maldecir la oscuridad... creyendo que la oración no es el último recurso, sino el primero y el más importante.

Reconocimientos

Muchas gracias a mi publicador, cuya fe en mi y en este libro, y cuyos sorprendentes talentos hicieron todo esto una realidad. A todo el equipo de White Stone Books, quienes fueron de gran apoyo. A mi esposa, Carolyn, quien soportó mis días de 20 horas escribiendo, y quien me acompañó en los desvelos. A mi asistente ejecutiva, Lanelle Young, quien mantuvo la calma durante la tensión y fue una ayuda increíble. A Ilan Chaim, quien toleró mis correos electrónicos "de urgencia inmediata" durante toda la redacción de este libro, y a mis queridos amigos en Israel, cuya sabiduría ha sido una ayuda enorme. Son cientos de personas, desde generales, a expertos en inteligencia y ex-primer ministros. Quisiera agradecer de manera especial a dos viejos amigos de los cuales he obtenido fuerza e inspiración durante los últimos veinticinco años, al Vice Primer Ministro Ehud Olmert (Gobierno de Israel) y a binyamin Netanyahu, ex primer ministro y actual Ministro de Finanzas, y al Equipo de Oración de Jerusalén, cuyas oraciones, fe y apoyo para este proyecto han sido verdaderamente enormes.

Índice

Prefacio 7

Capítulo Uno:
Respondiendo la llamada despertadora del infierno 15

Capítulo Dos:
Una guerra de proporciones bíblicas 27

Capítulo Tres:
Un conflicto iniciado en las arenas del desierto 41

Capítulo Cuatro:
Jihad: una guerra sin santidad 51

Capítulo Cinco:
Un Islam aun más distorsionado 61

Capítulo Seis:
El filo de la espada: La Organización para la Liberación Palestina .. 75

Capítulo Siete:
Una historia sangrienta; un futuro sangriento 89

Capítulo Ocho:
El camino que atraviesa a Bagdad conduce a Jerusalén 101

Capítulo Nueve:
¿Qué le espera a los Estados Unidos? 123

Capítulo Diez:
La llamada despertadora del cielo:
¡Preparándonos para la venida del Señor! 133

Notas Finales 149

Apéndice A:
OFICIAL:
"Una 'Hoja de Ruta' basada en el desempeño para una solución
para los dos estados del conflicto israelí-palestino" 161

Apéndice B:
Petición para defender a Israel 173

Apéndice C:
¡Únase al Equipo de Oración por Jerusalén! 179

Acerca del Autor 180

Central de inteligencia de los Estados Unidos
Primer edificio sede
Vestíbulo principal

Impreso en la pared, para representar la misión de
inteligencia de una sociedad libre.

"Y conoceréis la verdad, y la verdad os hará libres"
Juan VIII-XXXII

Prefacio

Miré fijamente los ojos intensos y sonrientes de Rudolph Giuliani. Mientras estaba sentado en su oficina, pensando en la próxima pregunta de mi entrevista, mis ojos se posaron en un cuadro de tres bomberos sosteniendo una bandera de los Estados Unidos sobre los escombros de lo que una vez fuera el Centro Mundial del Comercio, que estaba sobre su hombro derecho. "Esta es mi última pregunta", y proseguí a formularla.

En honor a la verdad, no recuerdo lo que pregunté, porque cuando el alcalde más famoso de Nueva York se inclinó hacia delante y comenzó a responderme, de repente vi en sus ojos a un hombre de baja estatura y delgado brindándome una bandeja con galletas y té. Lo reconocí como Isser Harel, el fundador de la Mossad (la agencia de inteligencia de Israel), era un recuerdo de casi veintitrés años atrás cuando estuve en su casa.

"¿Llegará el terrorismo a los Estados Unidos?" Harel repitió mi pregunta. "Los Estados Unidos tienen el poder para combatir el terrorismo, pero no la voluntad; los terroristas tienen la voluntad, pero no el poder. Pero todo eso podría cambiar más adelante. El petróleo compra más que tiendas para vivir en el desierto. En el occidente, uno mata una mosca y se regocija. En el Medio Oriente, matamos a una y cien moscas vienen al funeral".

"Sí, me temo que eso ocurrirá eventualmente"

"¿Donde ocurrirá?" le pregunté.

Pensó por un momento. "Nueva York es el símbolo de su libertad y del capitalismo. Es probable que ataquen primero a su edificio más alto, que es símbolo de su poder".

De repente recordé de la fecha exacta de la conversación. Había ocurrido el 23 de septiembre de 1980.[1] "Gracias Mike" dijo el Sr. Giuliani, poniéndose de pie y extendiéndome la mano con gentileza y afecto.

Había pasado por alto su respuesta. Me habría muerto de vergüenza si él hubiera sabido que estaba teniendo un pensamiento retrospectivo, más bien una pesadilla, justo en medio de su respuesta.

Mientras me ponía de pie y le daba la mano al alcalde Giuliani, en lo único que podía pensar era en las dos bombas de 189 toneladas en forma de aviones Boeing 767 con los tanques llenos de combustible impactando contra las Torres del Centro Mundial del Comercio, exactamente como lo había predicho mi amigo. Tal vez nadie podía prever que ese martes 11 de septiembre de 2001 comenzaría la primera guerra del siglo 21, una guerra contra el terror que bien podría trazar el comienzo de un conflicto, que divida para siempre la luz de las tinieblas, proclamando, como trompeta, una batalla espiritual de proporciones monumentales. ¿Quién se podía imaginar que los epicentros de esta batalla se encontrarían en la antigua Babilonia (el Irak bíblico), el centro de las tinieblas espirituales, y Jerusalén, el centro espiritual de la luz?

Nuestra reunión tomó lugar el jueves, 13 de marzo de 2003. No me imaginaba que seis días más tarde los Estados Unidos llevaría su guerra contra el terrorismo a Irak y que una bandera norteamericana del 11 de septiembre estaría colgando de la cabeza de una imagen de Saddam Hussein en Bagdad.

Como lo había dicho el presidente George W. Bush al dirigirse a una sesión conjunta del Congreso y al pueblo estadounidense el 20 de septiembre de 2001, "nuestro enemigo es una red radical de terroristas y cada gobierno que los apoya. Nuestra guerra contra el terror comienza con Al Qaeda, pero no termina allí. No terminará hasta que cada grupo terrorista de alcance mundial haya sido localizado, detenido y derrotado... *O están con nosotros o con los terroristas*. Desde hoy, los Estados Unidos considerarán como régimen hostil a cualquier nación que siga colaborando con los terroristas, ayudándolos u hospedándolos".[2] Su mensaje fue muy claro. Los Estados Unidos llevarán esta guerra a cualquier país que colabore con, ayude u hospede a los terroristas. Con esta declaración marcó una línea divisoria en las arenas de la península arábiga, y ya no hay lugar para el apoyo encubierto al terrorismo: O están con nosotros o con los terroristas. (Yo creo esto). Irak se convertirá en la base de los Estados Unidos desde donde se librará la batalla contra el terrorismo en el Medio Oriente. Desde allí será sólo un paso hacia la garganta de Siria, de Irán y de las redes terroristas.

Resulta que Irak, el residuo de la antigua Babilonia, y un abierto colaborador de las organizaciones terroristas, fue el primer país que desafió expresamente la advertencia de los Estados Unidos de desarmar o ser desarmados. A penas un mes antes de que se escribiera esta obra, la coalición, encabezada por los Estados Unidos, invadió a Irak en contra de los deseos de muchos de sus aliados, con el fin de detener a los terroristas antes de que atacaran de nuevo con fuerzas aún más mortíferas de armas químicas, biológicas o nucleares. Es una lucha entre el bien y el mal, pero creo que es aún más profundo que eso: podría ser el establecimiento de un tablero de ajedrez que dividirá a los jugadores para una batalla apocalíptica profetizada en Daniel, Jeremías y en Apocalipsis.

Cuando estaba terminando el capítulo de este libro sobre cómo la "Hoja de Ruta" llega desde Bagdad a Jerusalén y cuáles podrían ser las implicaciones proféticas de eso, revisé mis notas sobre el hombre que el Cuarteto (Rusia, la Unión Europea, la ONU y los EE.UU.) había aprobado como el nuevo Primer Ministro de la Autoridad Palestina: Mahmoud Abbas (también conocido como Abu Mazen). Por mucho tiempo fue uno de los fieles tras Arafat, una figura oscura, en el mejor de los casos. Él cree que el holocausto fue un mito y declaró en una entrevista del diario *Alsharak Alawast* del 3 de marzo de 2003: "La *intifada* (la revuelta palestina contra Israel) debe continuar... es el derecho del pueblo palestino resistir y emplear todos los medios posibles para defender su presencia y su existencia". (Esto fue una aprobación general de los actos terroristas y bombardeos suicidas.) Abbas también se encontraba entre los que urgieron que Arafat rechazara la propuesta exhaustiva de paz hecha por Israel en Camp David en el año 2000, la cual les ofrecía el 95 por ciento de la tierra ocupada en 1967 en la Guerra de los Seis Días. "Los palestinos no deberían sentir pesar alguno por rechazar la oferta de Israel del 95 por ciento de la tierra", dijo Abbas después, "porque el 95 por ciento no es el 100 por ciento". Abbas se encuentra entre los que insisten que Israel entregue cada centímetro de la tierra que Israel ocupó en 1967 en defensa propia de Jordania, y que incluye la antigua ciudad de Jerusalén y sus lugares sagrados judíos y cristianos. Él también desea derechos de inmigración ilimitados para los palestinos a lo que sería el nuevo y empequeñecido estado judío que quede establecido tras la entrega. Estos dos actos significarían el fin de la nación de Israel.

Apartándome un poco de mis notas para organizar mis ideas, noté la cara del Secretario de Estado, Colin Powell, en un televisor pequeño que a menudo dejo encendido en C-Span para captar las últimas noticias de Washington, D.C. De repente salté hacia delante y subí un poco el volumen para oírle mejor. Poco me imaginaba que, al igual que dos profetas, que cada uno de los oradores tocarían los puntos principales de la profecía: las tinieblas y la luz, Babilonia y Jerusalén. (A propósito, esto fue el 30 de marzo de 2003, el día número 12 de la Operación Libertad Iraquí). Colin Powell se puso de pie y miró a los ojos del Ministro de Relaciones Exteriores israelí, Silvan Shalom:

> "Me complace mucho estar compartiendo esta etapa con mi nuevo colega, el Ministro Silvan Shalom..."
> "La guerra y la fuerza no fueron nuestras primeras opciones. Le dimos una oportunidad a la diplomacia".

El continuó:

> "Siria también se enfrenta a un serio dilema. Puede seguir proporcionando apoyo directo a los grupos terroristas y al moribundo régimen de Saddam Hussein, o embarcarse en un rumbo diferente y de mayor esperanza. Siria es responsable por sus decisiones y por las consecuencias derivadas".

Y siguió:

> "Una vez que el nuevo Primer Ministro se afiance en el cargo (refiriéndose a Abbas, quien aún no había sido confirmado como Primer Ministro Palestino por el Consejo Legislativo Palestino), le presentaremos a ambas partes la "Hoja de Ruta" que hemos preparado para reiniciar el movimiento hacia la paz... la "Hoja de Ruta", que hemos preparado en consulta estrecha con las partes: nuestros amigos de la región y nuestros socios del Cuarteto, describe los pasos a seguir y la obligación mutua que deben tener ambas partes si hemos de lograr nuestro destino común".[3]

Le miré asombrado. *¿Cuál destino común? ¡No el de Israel! Tendrían que arrastrarlos a las patadas y a los gritos para que firmen como en 1991,* *cuando los obligaron a firmar el Acuerdo de Paz del Medio Oriente en Madrid*, pensé.

Entonces el Ministro de Relaciones Exteriores, Silvan Shalom se puso de pie y comenzó a hablar: [4]

> "Es un honor especial el poder saludar al Secretario de Estado, Colin Powell, quien acaba de dar un discurso inspirador. Miembros del congreso y el cuerpo diplomático... mientras hablamos, las fuerzas aliadas están embarcadas luchando en Irak... la Operación Libertad Iraquí está avanzando. No es una empresa fácil y conlleva grandes riesgos". La tiranía de los gobernantes iraquíes hoy se cimienta sobre la antigua Babilonia de los tiempos bíblicos. El profeta Jeremías se refirió a los peligros que representaba Babilonia, el Irak de nuestros días, para la región y el castigo de Dios a los crueles déspotas de la tierra de los dos ríos. Algunos podrán decir que Jeremías profetizó los eventos actuales. Él dijo, y citó: "Levantaré contra Babilonia reunión de grandes pueblos de la tierra del norte, por cuanto ha pecado contra Dios".[5]

Sólo cinco días después de estos discursos por el Secretario de Estado Powell y el Ministro de Relaciones Exteriores Shalom, y antes de que Abbas fuera confirmado, oí mi aparato de fax imprimiendo un documento titulado "DESCLASIFICADO". Comenzaba diciendo:

> "Lo que sigue es una traducción no oficial de la "Hoja de Ruta" estadounidense, la cual la Autoridad Nacional Palestina recibió oficialmente y por escrito anteayer de parte de la administración de los Estados Unidos"...[6]

Mientras leía la "Hoja de Ruta", noté las últimas palabras de la página 10:

> "AMEMBASSY CAIRO (Embajada de los EU en el Cairo)
> UNMISSION GENEVA (Misión de la ONU en Ginebra)
> AMCOUNSUL JEDDAH (Consulado de los EU en Jeddah)
> AMCONSUL Jerusalén (Consulado de los EU en Jerusalén)
> AMEMBASSY NICOSIA (Embajada de los EU en Nicosia)

AMEMBASSY TUNIS (Embajada de los EU en Túnez)
AMEMBASSY VIENNA (Embajada de los EU en Viena)"

Unos días más tarde, el martes 8 de abril de 2003, y antes de que Abbas fuera confirmado, el Presidente Bush y el Primer Ministro Tony Blair hablaron durante la conclusión de su tercera cumbre Operación Libertad en Hillsborough, en el norte de Irlanda. En esta ocasión, el Presidente Bush, a quien admiro personalmente, dijo refiriéndose a Abbas: "Estoy conforme con el nuevo líder de la Autoridad Palestina. Espero que por fin instaure su gabinete para que podamos hacer entrega de la Hoja de Ruta.

En su búsqueda de liberar a Irak, los Estados Unidos lanzaron una guerra de proporciones bíblicas, conjuntamente con un plan de obligar, al pequeño Israel, nuestro aliado más confiable de la región, a pagar la cuenta por el apaciguamiento con tierras, lucradas en silencio por los partidos liberales dentro del Departamento de Estado de los Estados Unidos. ¿Quienes son los jugadores tras este enfrentamiento entre la profecía antigua y la conspiración moderna?

¿Qué es la "Hoja de Ruta" y porqué amenaza la vida de todos los estadounidenses?

¿La guerra de los Estados Unidos con Irak forma parte de las profecías bíblicas?

¿Podría George W. Bush estar cometiendo errores proféticos al escuchar las recomendaciones de los liberales?

¿Podría ser este el principio de la lucha que preparará el escenario del Armagedón? Si observamos de cerca las evidencias, la respuesta a la mayoría de estas preguntas es un claro "Sí".

Michael D. Evans
Viernes Santo/ Pascua18 de abril de 2003

Israel Hoy

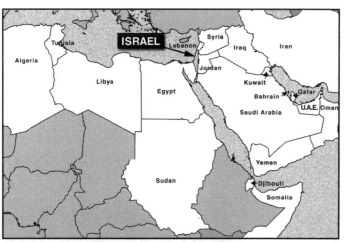

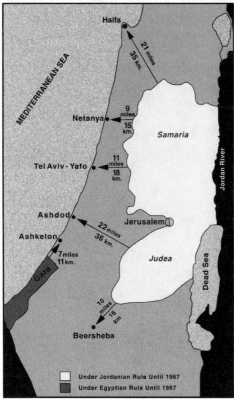

Israel, si se implementa la "Hoja de Ruta".

1
RESPONDIENDO LA LLAMADA DESPERTADORA DEL INFIERNO

> *"El 11 de septiembre fue una llamada despertadora del infierno que abrió nuestros ojos a los horrores que nos esperan mañana si dejamos de actuar hoy".*
>
> **Binyamin Netanyahu**
> El entonces Primer Ministro de Israel, hablando ante el Comité Gubernamental de Reformas de la Cámara de Diputados de los E.U. el 20 de septiembre del 2001.

Nadie habría podido predecir que el inicio del siglo 21 encontraría a los Estados Unidos en guerra con un enemigo sin fronteras, sin un ejército convencional y sin una nacionalidad específica — literalmente un enemigo descarado. Sin embargo, esta nueva guerra ha demostrado ser el más trascendente partido de ajedrez con miles de peones y todos los reyes y reinas ocultos a la vista. Los peones son enviados a morir cobrando tantas vidas como pueden, mientras el mundo observa preguntándose dónde, cómo y cuándo volverán a atacar. Irónicamente, el Cuarteto ha decidido convertir a Israel en un peón político colocado en el mismo centro del juego. Los asesinatos de docenas de personas por los terroristas suicidas en los autobuses y restaurantes de Tel Aviv y Jerusalén fueron horribles y espantosos, pero los Estados Unidos aun podía apartar su mirada. El 11 de septiembre del 2001 cambió eso, convirtiendo la ficción en hecho, y lo inimaginable en realidad. Ese día de horror alertó a la mayoría de los estadounidenses sobre los graves peligros que enfrenta nuestro mundo.

Hoy los terroristas tienen acceso a armas químicas y biológicas que pueden matar a decenas de miles en minutos. Las organizaciones islámicas extremistas invalidan la necesidad de tener una aviación militar o misiles intercontinentales como medio de transporte para una carga nuclear. Los terroristas mismos serán el medio de transporte. En el peor de tales escenarios, las consecuencias no serían un coche bomba, sino una bomba nuclear. Con esta nueva amenaza de miles o millones de víctimas, a consecuencia del uso de armas químicas, biológicas o nucleares, la única alternativa lógica es buscar a los terroristas antes de que ataquen y eliminar a los gobiernos o poderes que les permiten actuar. Muchos pensarían que Irak fue sólo el primero de esta lista, pero cuando uno mira tanto a la historia como a las Escrituras, la batalla de Bagdad adquiere matices proféticos y mucho más profundos.

¿Porqué se llevó a Bagdad la guerra contra el terrorismo?

Osama bin Ladden, considerado como el "padrino" detrás los ataques del 11 de septiembre, hizo una declaración llamada "La bomba nuclear del Islam". En la misma, decía: "el frente islámico internacional para la lucha contra los judíos y los que continúan con las Cruzadas, es el deber de todos los musulmanes". Hizo un llamado a todos los musulmanes a "prepararse para emplear tanta fuerza como fuera posible para aterrorizar a los enemigos de Alá".[1]

Ahora el terrorismo es una confrontación directa contra "El Gran Satanás" (los Estados Unidos), quienes según los bin Laddens del mundo está profanando la cuna del Islam. Al Qaeda ("La Base"), la red terrorista de bin Ladden, es una coalición de las organizaciones terroristas más diabólicas del mundo, todas entrelazadas con una causa en común: atacar lo que ellos creen ser los reinos del mal (el Gran Satanás, los Estados Unidos, y el Pequeño Satanás, Israel.) Las acciones de bin Ladden y sus conexiones terroristas no serían posibles sin una amplia infraestructura de movimientos gubernamentales y organizaciones que apoyan el terror directa o indirectamente.

Hoy es el 13 de abril del año 2002, el día 26 de la guerra, los Estados Unidos avanzan dolorosamente, pero con victoria en la Operación Libertad Iraquí. La búsqueda incansable del "hombre de los diez mil millones de dólares",[2] Saddam Hussein, continúa, al igual que la búsqueda de armas de destrucción masiva. La Consejera Nacional de Seguridad de los Estados Unidos, Condoleezza Rice se reunirá hoy con Dov Weisglass, Jefe del Equipo del Primer Ministro de Israel. Israel está haciendo un llamado enfático a los Estados Unidos para que realice cambios en la "Hoja de Ruta".

El 12 de abril el Presidente Bush dijo: "En Siria hay armas químicas de destrucción masiva".[3] El mismo día, la Casa Blanca le exigió a Siria que dejara de hospedar a los oficiales del gobierno de Saddam, y expresó que Huda Salih Mahdi Ammash y Rihad Taha ("Sally el Químico" y "El Dr. Germen") de Bagdad estaban en Damasco.[4] También el mismo día, la Ministro de Relaciones Exteriores de Francia, Dominique de Villepin dijo en el Cairo, Egipto: "Los Estados Unidos deben dejar de ejercer presión sobre Siria y comenzar a ejercerla sobre Israel". De Villepin dijo que era hora de implementar la "Hoja de Ruta" y que Francia estaba "preparada para ser sede de una conferencia de paz"…[5]

La búsqueda de Osama bin Ladden continúa. Con la puesta en circulación de una cinta magnetofónica con la voz bin Ladden el 11 de febrero de 2003,[6] parece ser que la cabeza de la red terrorista Al-Qaeda continúa vivo y sigue siendo una amenaza tan real como antes.

> *Capturar a bin Ladden y destronar a Hussein no será suficiente.*

Osama bin Ladden abiertamente apoyó a Hussein al amonestar al pueblo iraquí a levantarse contra "los infieles Estados Unidos". Pero capturar a bin Ladden y destronar a Hussein no será suficiente. Como un deporte en equipo, el terrorismo es un esfuerzo de equipo. Para combatirlo, los Estados Unidos deben concentrarse en el equipo completo de los oponentes, y no limitar su enfoque en los jugadores individuales.

Considerando la Segunda Guerra Mundial, los Estados Unidos no fueron forzados a hacerle frente a los terroristas suicidas en su propio territorio. En ningún momento de esta guerra llegamos a la conclusión de que podíamos ganar la guerra abatiendo a tiros a un terrorista suicida. Claramente, la victoria requería medidas más sistemáticas. De igual forma, para derrotar verdaderamente al terrorismo, necesitamos abrir nuestros ojos a lo obvio — que Osama bin Ladden es un miembro abiertamente afiliado a un cartel terrorista que es recibido con honor por los Saddam Husseins del Medio Oriente (los estados terroristas) — y entonces realizar esfuerzos osados para detenerlo y sofocar de manera decidida todo el espectro y la red de actividad terrorista.

El terrorismo se nos muestra hoy con un maquillaje del siglo 21. Hoy, los estados terroristas generalmente no toman rehénes. Invisibles y de incógnito pueden representar un mayor daño psicológico al paralizar, confundir y disminuir la capacidad de emprender respuesta de una nación. Los terroristas jóvenes son usados como carnada de Jihad por los estados y organizaciones terroristas esquivos. Es un mundo de "no preguntes, no digas" en el cual los patrocinadores, con lágrimas en sus ojos, expresan sus condolencias a los países víctimas.

> *El crimen organizado tiene que ver con la codicia. El terrorismo tiene que ver con la gloria*

El crimen organizado tiene que ver con la codicia. El terrorismo tiene que ver con la gloria, la gloria de humillar al "Gran Satanás" — los Estados Unidos. La gloria de creer que todos los miembros de la familia de los terroristas tiene garantizado un lugar en el cielo, por sus actos, y que, como varones jóvenes, en el cielo serán recibidos por vírgenes voluptuosas.

¿No resulta algo extraño que Siria, Irán, Libia o incluso la OLP nunca hayan entregado a los Estados Unidos a un terrorista que haya matado a estadounidenses? Ni siquiera al terrorista que mató a Leon Klinghoffer quien celebraba, junto a su esposa, su trigésimo sexto aniversario de bodas en el navío crucero *Achille Lauro*.[7] Klinghoffer era un anciano indefenso en silla de ruedas, cuyo cuerpo y silla lanzaron por la borda, tras matarlo. ¿Es éste un motivo para bailar en las calles? ¡Esto no es más que un teatro de lo absurdo y un festival de la hipocresía!

Abu Abbas fue miembro del comité ejecutivo de la Organización para la Liberación de Palestina desde 1984 a 1991, según el Departamento de Estado de los Estados Unidos. El Departamento de Justicia de los Estados Unidos expresó que no tiene motivos para buscar su extradición, puesto que no hay órdenes de arresto pendientes contra él. Abbas fue capturado por las fuerzas especiales de los Estados Unidos durante una serie de incursiones alrededor de Bagdad el lunes, 16 de abril de 2003. Este hombre va ser una importante prueba de la política de Bush sobre la guerra contra el terrorismo. ¿Habrán ahora "buenos terroristas" y "malos terroristas?" Según Reuters el miércoles 16 de abril de 2003 la Autoridad Palestina exigió la liberación del líder veterano de la guerrilla palestina, Abu Abbas.

El vocero de la Autoridad Palestina dijo que la detención de Abbas en Irak, por las fuerzas de los Estados Unidos, violaba un acuerdo de paz interino del Medio Oriente:

"Exigimos a los Estados Unidos que libere a Abu Abbas. No tienen derecho de tenerlo prisionero". El ministro del gabinete palestino, Saeb Erekat le expresó a Reuters. "El acuerdo interino palestino-israelí firmado el 28 de septiembre de 1995 afirmaba que los miembros de la Organización para la Liberación de Palestina no deben ser detenidos ni juzgados por asuntos que hayan cometido antes del Acuerdo de Paz de Oslo de septiembre de 1993," indicó Erekat. Y añadió "este acuerdo interino fue firmado por el Presidente Clinton y su Secretario de Estado, Warren Christopher en representación de los Estados Unidos".

La mira telescópica de los terroristas apunta hacia los Estados Unidos, una nación que ellos perciben como el cerdo que contamina al mundo con su prosperidad, poder y pornografía, infectando al islamismo con su perversión moral y religiosa. Pero aunque el terrorismo se oculta tras el velo de la Jihad (la guerra santa contra un enemigo inmoral), el tema real no es honrar a la verdad, sino la codicia y los celos. Los terroristas odian a los Estados Unidos porque han sido bendecidos, y ellos no.

Cuando le pregunté a un general Saudita durante la Guerra del Golfo "¿Por qué odian tanto los musulmanes a los Estados Unidos y a Israel?" Respondió con una sonrisa: "¡Oh no!, cobre ánimo, no *todos* los odian. Sólo los fundamentalistas y extremistas religiosos los odian, y eso no representa más del 5 al 10 por ciento del mundo musulmán, sólo unos 50 a 100 millones de personas".

Enseguida me dijo, "¿Pero porqué te odian, Mike? Porque tu país es muy poderoso, e Israel también lo es a pesar de ser un país pequeño. ¿Sabes lo humillante que es reconocer que nuestros enemigos, que llevan a cabo las Cruzadas — los Estados Unidos e Israel sionista — tienen más poder que nosotros? Llevamos la visión del Islam en nuestro seno — una visión de dominio mundial en la cual el Islam cubrirá todo el mundo por su poder".

El Jeque Omar Abdel Rahman, líder espiritual de los terroristas que lograron detonar un camión-bomba en las torres del Centro Mundial del Comercio en 1993, dijo: "la obligación de Alá está sobre nosotros para librar Jihad por Alá... tenemos que desmoralizar por completo a los enemigos de Alá destruyendo sus torres, que constituyen los pilares de su civilización... los encumbrados edificios de los cuales tanto se enorgullecen".[8] No atacaron la mansión Playboy ni a una destilería de cerveza, atacaron los símbolos de nuestra prosperidad.

La policía de Nueva York encontró 47 cajas de literatura terrorista de Rahman. El FBI escribió en las cajas, "material religioso irrelevante".[9] Rahman, quien estuvo involucrado en el asesinato del presidente egipcio, Anwar Sadat, vino a los Estados Unidos en 1990 para establecer su tienda terrorista en Nueva Jersey, como si tuviera pleno derecho para hacerlo.

En un artículo difundido en 1994, la PBS (Public Broadcasting System)[10] describió el esfuerzo en equipo de los terroristas. El documental reveló la amenaza de un trabajo bien coordinado de grupos islámicos y patrocinadores terroristas que han surgido en todos los Estados Unidos desde la revolución iraní. Estos grupos incluyen afiliados de la Jihad Islámica, Hamas, y Hezbolá con células en Nueva York, Florida, Chicago, Kansas City y Dallas. Los grupos se esconden tras un disfraz de pequeñas empresas, grupos religiosos y entidades caritativas islámicas. Los miembros de estos equipos trabajan en los Estados Unidos para recolectar fondos, reclutar voluntarios y hacer planes para las misiones terroristas para la última batalla contra el "Gran Satanás". Su objetivo principal es tener éxito en la misión sin que se les inculpe, y luego lograr la amplia cobertura en los medios de comunicación, y maximizar el daño psicológico y económico mediante el terror.

El 11 de septiembre, *Al-Ayyam*, el periódico de la OLP, controlada por Arafat dijo: "Los terroristas suicidas que colocaron las bombas de hoy son los nobles sucesores de los terroristas libaneses que le dieron una buena lección a los Marines de los Estados Unidos. Estos terroristas suicidas que colocan bombas son la sal de la tierra, el motor de la historia. Son la gente más noble entre nosotros".

Los Estados Unidos se están concentrando en el cartel terrorista y trabajan decididamente con otras naciones para cortarlo, como la cabeza de una serpiente venenosa. Mientras permitamos que organizaciones y países hospeden a los terroristas, les den poder y los premien, la red prosperará. Confrontar a Irak es sólo el primer paso de este proceso, pero también es una señal a las otras naciones que apoyan al terrorismo de que hablamos en serio. Si queremos que los terroristas nos teman — y esto es lo único que ellos respetan — entonces debemos eliminar de nuestro vocabulario la ideología del buen terrorista y el mal terrorista. Todos los terroristas son malos y a ningún terrorista se le debe dar ni la hora. A los países y a las organizaciones que hospedan a los terroristas no se les debería permitir siquiera que escupan al viento sin que les regrese en la cara.

Si los Estados Unidos mantienen su resolución de lidiar de forma agresiva con los terroristas por medio de represalias económicas y militares, la familia del terrorismo se fragmentará, y ya el terrorismo no será un esfuerzo coordinado de equipo. Pero si no nos plantamos firmes contra todo terrorismo, los agentes del poder del mundo obligarán a nuestra nación a redefinir el significado del terrorismo.

Si premiamos las organizaciones terroristas buenas y castigamos las malas, les enviaremos la señal a millones de fundamentalistas islámicos furiosos de que les tenemos miedo y vendrán sobre nosotros como una plaga. No vendrán con grandes bombas, sino con pequeñas bombas ceñidas en las espaldas de terroristas suicidas, el arma más peligrosa del planeta, contra la cual no hay defensa ni en Irak ni en los Estados Unidos. Esta arma predilecta funciona mejor cuando las cosas están en calma. Ahora se necesita la oración más que nunca. Se ha dicho que lo único que se necesita para que el mal prevalezca es que la gente buena no haga nada.

Irak no será el fin

El Presidente George W. Bush declaró tras el 11 de septiembre, "Llevaremos la guerra a los terroristas". Esto es precisamente lo que estamos haciendo. Bagdad es el nuevo lugar de impacto, la nueva zona cero, unido íntimamente a regímenes en su frontera que hospedan, ayudan e instigan el terror.

Por fuerte que seamos en lo natural, esta es una batalla espiritual, tal como dijo San Pablo:

"Por lo demás, hermanos míos, fortaleceos en el Señor, y en el poder de su fuerza. Vestíos de toda la armadura de Dios, para que podáis estar firmes contra las asechanzas del diablo. Porque no tenemos lucha contra sangre y carne, sino contra principados, contra potestades, contra los gobernadores de las tinieblas de este siglo, contra huestes espirituales de maldad en las regiones celestes".

Efesios 6:10-12

A menos que los estadounidenses, temerosos de Dios, se pongan de rodillas para orar, nuestra victoria en Irak sólo habrá logrado metas superficiales de apoyo político y económico de un régimen. A menos que estemos dispuestos a orar y a enfrentar a los demonios que se esconden tras el terrorismo, el enemigo sin rostro simplemente se moverá de casa en casa para atacar desde otro lugar. Derrotamos el poder político de Hitler, pero el espíritu que movía su odio y su genocidio sólo avanzó para instigar el terrorismo que vivimos hoy: la intolerancia, el antisemitismo y el odio contra los cristianos y los judíos. Sólo la fortaleza moral y la oración pueden desactivar la bomba de tiempo de odio que causó tanto el holocausto como los ataques del 11 de septiembre. Pero si estas dos armas espirituales siguen guardadas bajo seguridad, sin usarse, los hijos de nuestros hijos podrían tener que librar una batalla por la supervivencia del mundo.

El Presidente George W. Bush ha sido franco, sistemático y abierto en los intentos de los Estados Unidos de desarmar al terrorismo. Desde su discurso del 20 de septiembre de 2001, hasta la identificación de Irak como un miembro del "eje del mal", hasta la restauración de los esfuerzos de los inspectores de armas de las Naciones Unidas y la creación de una coalición para desarmar a Irak y deponer a Hussein, el Presidente Bush ha mostrado la determinación y la voluntad de seguir con este curso hasta el final. El mundo no ha tenido razones para sorprenderse por nuestras acciones. Mientras que la cara del terrorismo se ha disfrazado, la cara de su oposición se reconoce claramente.

En un discurso televisado el 17 de marzo de 2003, a las 8:00 p.m. (hora estándar del este), tras repetidas advertencias a Hussein para que cumpliera con su promesa hecha en 1991 de desarmarse por completo y acabar con sus 12 años de resistencia a las resoluciones de la ONU, el Presidente Bush entregó un ultimátum diciendo: "Saddam Hussein y sus hijos deben salir de Irak dentro de 48 horas. Su rechazo a hacerlo tendrá como resultado un conflicto militar que comenzará a nuestra discreción".

Al desafiar el ultimátum, Saddam Hussein colocó a su régimen en Irak como un blanco en la guerra contra el terrorismo. Los Estados Unidos ganaron la batalla de Bagdad. ¿Pero cuáles serán los eventos que la seguirán? En el mundo físico, esto parece ser el primer paso importante para desarmar al terrorismo mundial, pero el resto del mundo no ha mantenido la compostura y resolución de los Estados Unidos para enfrentar esta amenaza. Mientras muchos estaban de nuestro lado en septiembre de 2001, pocos estuvieron dispuestos a cruzar las fronteras con nosotros para hacer frente al enemigo. El deponer a Hussein no terminará con el terrorismo, sólo lo obstaculizará, y al fin de cuentas, los Estados Unidos y Gran Bretaña solos no pueden derrotar al terrorismo. Otras naciones están indecisas y esperan ver qué pasará. Su indecisión está por terminar. Muy pronto tendrán que escoger un bando. La esperanza de los Estados Unidos yace en aquellos que no venden los principios morales ni los valores bíblicos y están comprometidos con el poder de la oración.

Las fuerzas de la coalición en su camino a Bagdad han marcado una línea bien definida y clara en las arenas iraquíes, pero cuando se asiente el polvo, las naciones del mundo tendrán que decidir de qué lado de la línea estarán. En lo natural, los asuntos del mundo se arreglan con la política y la guerra, pero cuando se trata de las tierras bíblicas los arreglos no son sencillos. Para matar la planta del terrorismo, sus raíces deben ser desenterradas y expuestas. Cualquier intento por parte de los Estados Unidos en desarraigar el terrorismo global sin quitar las raíces que crecen debajo de la tierra en la cual crece, sólo extenderá el virus más rápidamente y garantizará una receta para el fracaso.

Como creyentes en la Biblia, debemos entender que esta es una batalla entre la política y la profecía. No debemos dormir en tiempos de guerra. La batalla prosigue con furia, y debemos estar dispuestos a pagar el precio. ¡Depende de nosotros tomar los lugares altos y levantarnos para hablar y orar!

Que por fe conquistaron reinos, hicieron justicia, alcanzaron promesas, taparon bocas de leones, apagaron fuegos impetuosos, evitaron filo de espada, sacaron fuerzas de debilidad, se hicieron fuertes en batallas, pusieron en fuga ejércitos extranjeros.

Hebreos 11:33-34

Este libro es un llamado a usar las armas espirituales, porque las verdaderas batallas son espirituales y se ganan con la oración. Sólo aquellos que no menoscaben los principios morales y bíblicos y que valoran la oración más que el placer podrán realmente ganar esta guerra.

Esta es una batalla entre la política y las profecía.

Según el libro de Apocalipsis, en Irak hay potestades que están obrando — la región a la cual la Escritura se refiere como Babilonia — que tienen otros blancos además de los Estados Unidos. ¿Acertó Silvan Shalom al identificar la batalla de Bagdad como Dios reuniendo a las "grandes naciones del norte" para el asalto final contra Babilonia y el mal que representa? Si es así, hay mucho más en juego aquí que simplemente el fin del terrorismo, y si es así, la línea en el desierto no simplemente dividirá los lados de la batalla, sino que podría determinar de qué lado estarán las naciones para la batalla final de los siglos.

"Uno puede obtener fuerza, valor y confianza con cada experiencia en la cual uno se detiene a mirar al temor en los ojos. Debes hacer aquello que piensas que no puedes hacer".

Eleanor Roosevelt

Dios es nuestro amparo y fortaleza,
Nuestro pronto auxilio en las tribulaciones,

Por tanto, no temeremos,
Aunque la tierra sea removida,
Aunque se traspasen los montes al corazón del mar;

Aunque bramen y se turben sus aguas,
Y tiemblen los montes a causa de su braveza.

Salmos 46:1-3

2
UNA GUERRA DE PROPORCIONES BIBLICAS

> *Otro ángel le siguió, diciendo a gran voz: "Ha caído, ha caído Babilonia, la gran ciudad,* **porque ha hecho beber a todas las naciones del vino del furor de su fornicación".*
>
> Apocalipsis 14:8 [énfasis agregado en negrita]

La Biblia tiene mucho que decir sobre la tierra que hoy se conoce como Irak. Se dice que el Jardín del Edén estaba ubicado allí, el lugar donde Adán y Eva cometieron el primer pecado y donde se originó el ocultismo y la astrología. Fue a Nínive, la capital de Mesopotamia, que ahora es parte de Irak, donde el profeta Jonás fue enviado por Dios a llamar al pueblo al arrepentimiento. Los estudiosos creen que la ciudad de Ur de los Caldeos estaba ubicada dentro de las fronteras de Irak. Fue de esa ciudad que Dios llamó a Abraham para que fuera a la tierra de Canaán. (Vea Génesis 11:28-12:5).

¿Quién se habría imaginado que los titulares de *"The New York Times"* del miércoles, 16 de abril de 2003 dirían lo siguiente: Los líderes iraquíes en exilio, los jeques tribales, kurdos étnicos y los clérigos chiítas se reunen hoy en una tienda, cerca del lugar de nacimiento de Abraham, y dijeron que trabajarían para crear un gobierno completamente democrático en Irak.

Al reunirse bajo estrictas medidas de seguridad en la Base Aérea de Talil, en presencia de diplomáticos norteamericanos, británicos y polacos, los iraquíes hicieron un llamado al cese de la violencia y el pillaje que han hecho estragos en el país desde la caída del gobierno del presidente Saddam Hussein. Hicieron pública una declaración que incluía 13 puntos que expresan lo que buscarían para establecer un "sistema federal" bajo líderes escogidos por el pueblo iraquí, y no "impuesto desde el exterior".

El nombre bíblico más común de esta región es Babilonia (el nombre tanto de la ciudad capital como del reino). Fue Nabucodonosor rey de Babilonia quien conquistó Israel y Judea en el 586 a.C, tomando cautivo al pueblo judío y aprisionándolo en Babilonia por setenta años. Fue en Babilonia donde el malvado Nabucodonosor arrojó a Sadrac, Mesac y Abednego en el horno de fuego y donde el rey Darío arrojó a Daniel al foso de los leones (Ver 2da. de Reyes 24; Daniel 2:49; 3:12-30; 6.) Y fue desde Babilonia que Israel fue liberada cuando Daniel oró. (Vea Daniel 9-10.)

Es importante ver las primeras y últimas menciones de esta tierra en las Escrituras para comprender su importancia. La primera mención del área de Irak se halla en Génesis 10 y 11, puesto que fue en Irak donde se construyó la Torre de Babel. De hecho, el nombre "Babel" es la expresión hebrea del lenguaje acadio "Babilonia", que significa "la puerta del dios". La mayoría de los estudiosos sitúa a la ciudad de Babilonia como a unos 60 kilómetros al sur de Bagdad. Fue la primera ciudad que el hombre erigió tras el diluvio. (Vea Génesis 10:10.) En la Biblia se la menciona 300 veces, y es la segunda ciudad de mayor mención en la Biblia, después de Jerusalén. Fue allí donde la humanidad intentó por primera vez alcanzar el cielo sin la ayuda de Dios, con lo cual se hicieron dioses a sí mismos y crearon la primera religión originada por el hombre. En el libro de Apocalipsis, Babilonia es el asiento del anticristo, la Bestia y el símbolo del adulterio de la humanidad al apartarse de Dios y buscar otros dioses.

En la Escritura, Babilonia es la sede del mal de Satanás así como Jerusalén es la sede de la justicia de Dios. De hecho, parece que los bandos de la batalla final están simbolizados por estas dos ciudades.

Irak en la profecía

Mientras el antiguo Irak juega un papel en la narrativa bíblica, también cumple un propósito importante en la profecía bíblica. La profecía de Ezequiel sobre los huesos secos que vuelven a vivir (la cual representa la restauración de Israel) y la que predice el Armagedón fueron dadas en el Irak babilónico. (Ver Ezequiel 37-38.)

Por su oposición a los judíos, el palacio de Saddam en Babilonia y el "reino" completo serán destruidos finalmente, como lo profetizó Isaías:

Profecía sobre Babilonia, revelada a Isaías hijo de Amoz:
"Aullad, porque cerca está el día de Jehová; vendrá como asolamiento del Todopoderoso".
"Y Babilonia, hermosura de reinos
y ornamento de la grandeza de los caldeos,
será como Sodoma y Gomorra, a las que trastornó Dios"

Isaías 13:1,6,19

También predijo el destino final del hombre que sería un Nabucodonosor moderno y amenazaría a toda la creación con sus terribles armas:

"Porque yo me levantaré contra ellos,
dice Jehová de los ejércitos,
Y raeré de Babilonia el nombre
Y el remanente, hijo y nieto,
dice JEHOVÁ".
"Y la convertiré en posesión de erizos,
Y en lagunas de agua;
Y la barreré con escobas de destrucción,
dice JEHOVÁ de los ejércitos".

Isaías 14:22-23

Las profecías de Daniel

Irak también es el foco de varias profecías en el Libro de Daniel. El rey Nabucodonosor soñó con acontecimientos futuros y Daniel interpretó esos sueños para explicar la visión de un futuro imperio babilónico. *"Pero hay un Dios en los cielos, el cual revela los misterios, y él ha hecho saber al rey Nabucodonosor lo que ha de acontecer en los postreros días"*. [los tiempos del fin] (Daniel 2:28, corchetes del autor)

Primero vino la respuesta profética de Daniel al sorprendente sueño del rey de Babilonia de una "gran imagen" (v. 31.) El lugar era Babilonia (el actual Irak), y el sueño era sobre una batalla por el Medio Oriente y finalmente, Jerusalén. Daniel reveló que todas las naciones del mundo se unirían y formarán un "nuevo orden mundial" dirigido por un falso mesías y aunque el engañaría al mundo con una falsa paz, ¡al final el Rey de Reyes lo derrotaría! (v. 34.)

> *"Y en los días de aquellos reyes el Dios del cielo levantará un reino que no será jamás destruido, ni será el reino dejado a otro pueblo; desmenuzará y consumirá a todos estos reinos, pero él permanecerá para siempre".*
>
> Daniel 2:44

Daniel reveló que una piedra aplastaría a todos los reinos al fin de los tiempos. Igualmente, Jesús habló de los tiempos finales en los cuales vivimos: *"La piedra que desecharon los edificadores ha venido a ser cabeza del ángulo. Todo aquel que cayere sobre aquella piedra, será quebrantado; mas sobre quien ella cayere, le desmenuzará"*. (Lucas 20:17-18)

¿Se acerca el mundo rápidamente, como un torbellino, a esta sorprendente profecía? *"Cuando estas cosas comiencen a suceder, erguíos y levantad vuestra cabeza, porque vuestra redención está cerca"* (Lucas 21:28).

Las setenta semanas de Daniel

Estando Daniel en oración, el ángel Gabriel se le apareció y le reveló una agenda de los eventos futuros que afectarían de forma especial a Israel. (Ver Daniel 9:24-26.) Se considera que la visión de Daniel de las setenta semanas es la espina dorsal de la profecía de los tiempos finales, que nos da una revelación matemática para reconocer las condiciones que marcarán la proximidad de la venida del Mesías. También predijo Su muerte, la destrucción de Jerusalén, el ascenso y la caída del anticristo y el establecimiento del reino venidero del Mesías en la tierra.

En Daniel 9:27, el profeta reveló que la señal específica que comenzará las setenta semanas es la realización de un acuerdo de paz entre Israel y un líder increíblemente poderoso. La Biblia identifica a ese líder como el anticristo. El le ofrecerá soluciones a los complicados problemas y a las crisis internacionales que amenazarán la existencia misma del mundo.

Al principio todo aparentará marchar bien. Los siglos de tensión armada se aliviarán. Gracias a la paz impuesta por el poder del anticristo, Israel podrá concentrar toda su atención hacia el desarrollo del país y sus recursos, y prosperará como nunca antes. Incluso se permitirá la reconstrucción del Templo de Jerusalén y reanudar los sacrificios y las ofrendas.

Justo cuando la paz parezca haber llegado para Israel, le será quitada. Luego de tres años y medio, el anticristo violará su tratado con Israel. Irá al Templo y hará cesar los sacrificios y las ofrendas, para realizar la "abominación desoladora" al proclamarse a sí mismo Dios. (Ver Daniel 11:31)

El autor de éxitos de librería, el Dr. Tim LaHaye, me preguntó, mientras filmaba su película *Armagedón*, "Mike, ¿cómo crees que responderán los judíos de Israel al *Armagedón*?"

Le dije "igual que el resto del mundo, con terror".

Sí, creo firmemente que en efecto, la guerra de los Estados Unidos con Irak fue profetizada en la Biblia por el profeta Jeremías:

"Porque yo levanto y hago subir contra Babilionia reunión de grandes pueblos de la tierra del norte; desde allí se prepararán contra ella, y será tomada; sus flechas son como de valiente diestro, que no volverá vacío".

Jeremías 50:9

No hay forma de que Jeremías hubiera comprendido lo que los Estados Unidos haría con bombas dirigidas por laser, que verdaderamente eran "flechas de valientes diestros" que no volvían vacías. Nuevamente, otra de las sorprendentes profecías de Jeremías del capítulo 51 es bastante sorprendente: el mundo ve las imágenes de Saddam cayendo en todo Irak, pero nunca leyeron esto:

*"Por tanto, he aquí vienen días
en los que **yo destruiré los ídolos de Babilonia;**
Y toda su tierra será avergonzada,
Y todos sus muertos caerán en medio de ella.
Los cielos y la tierra y todo lo que está sobre en ellos
cantarán de gozo sobre Babilonia;
Porque del norte vendrán contra ella destruidores dice JEHOVÁ".*

Jeremías 51:47-48 [énfasis del autor]

El profeta Isaías también describió un espectáculo soprendente:

"Porque el Señor me dijo así: Ve, pon centinela que haga saber lo que vea. Y vio hombres montados, jinetes de dos en dos, montados sobre asnos, montados sobre camellos; y miró más atentamente, y gritó como un león: Señor, sobre la atalaya estoy yo continuamente de día, y las noches enteras sobre mi guarda; y he aquí vienen hombres montados, jinetes de dos en dos. Después habló y dijo: Cayó, cayó Babilonia; y todos los ídolos de sus dioses quebrantó en tierra".

Isaías 21:6-9

El profeta declara que el centinela vio hombres montados de dos en dos y luego dio voces como de un león — ¡tal vez un tanque Abrams! Y sigue diciendo: *"Cayó, cayó Babilonia; y todos los ídolos de sus dioses quebrantó en tierra".* ¿Quién olvidará jamás ver la caída de Bagdad y la imagen de Saddam (quien se consideraba a sí mismo un dios) cayendo y su cabeza rompiéndose mientras un tanque Abrams la derribaba? ¿Y a los iraquíes arrastrando la cabeza por la calle? O el saqueo de *Al-Qurna* (el Jardín del Edén) que fue convertido en muladar.

Nadie olvidará tampoco el saqueo de 170,000 artefactos antiguos invaluables el viernes 11 de abril de 2003 del Museo Nacional Iraquí en Bagdad, por una sociedad sin ley. Los artefactos cubrían la historia completa de Babilonia, de 7,000 años.

¿Se profetiza sobre Irak en el Nuevo Testamento?

¿Profetiza El Nuevo Testamento sobre la destrucción de Irak? Cuando Juan el Revelador estuvo en la Isla de Patmos, Dios le habló sobre este misterio, y oyó lo siguiente:

> *"Y clamó con voz potente, diciendo: Ha caído, ha caído la gran Babilonia, y se ha hecho habitación de demonios y guarida de todo espíritu inmundo, y albergue de toda ave inmunda y aborrecible..."*
> *"Por lo cual en un solo día vendrán sus plagas; muerte, llanto y hambre, y será quemada con fuego; porque poderoso es Dios el Señor, que la juzga". "Y un ángel poderoso tomó una piedra, como una gran piedra de molino, y la arrojó en el mar, diciendo: Con el mismo ímpetu será derribada Babilonia, la gran ciudad, y nunca más será hallada".*
>
> Apocalipsis 18: 2, 8, 21

Aunque Babilonia cayó en los tiempos del Antiguo Testamento, no fue destruida por completo. El espíritu de Babilonia se conserva, y no será depuesto sino hasta que el Mesías regrese. Apocalipsis 9 nos dice más:

> *"El sexto ángel tocó la trompeta, y oí una voz de entre los cuatro cuernos del altar de oro que estaba delante de Dios, diciendo al sexto ángel que tenía la trompeta: Desata a los cuatro ángeles que están atados junto al gran río Éufrates. Y fueron desatados los cuatro ángeles que estaban preparados para la hora, día, mes y año, a fin de matar a la tercera parte de los hombres. Y el número de los ejércitos de los jinetes era doscientos millones. Yo oí su número".*
>
> Apocalipsis 9:13-16

Antes de la batalla final, cuatro espíritus demoníacos que ahora permanecen atados en el río Éufrates serán liberados y reunirán un ejército de 200 millones, que será la tercera parte de la población mundial (¡en términos modernos, eso correspondería a dos mil millones de personas!). Aunque no se indica la naturaleza de estos "jinetes", me imagino un ejército terrorista montados sobre bombas suicidas dirigiéndose hacia la destrucción de un número diez veces superior a los suyos. Esto es lo que más le gustaría a los Saddams y a los Osamas modernos.

El Irak bíblico recibe mención al final de la batalla:

"Y los reunió en el lugar que en hebreo se llama Armagedón. El séptimo ángel derramó su copa por el aire; y salió una gran voz del templo del cielo, del trono, diciendo: Hecho está. Entonces hubo relámpagos y voces y truenos, y un gran temblor de tierra, un terremoto tan grande, cual no lo hubo jamás desde que los hombres han estado sobre la tierra. Y la gran ciudad fue dividida en tres partes, y las ciudades de las naciones cayeron; y la gran Babilonia vino en memoria delante de Dios, para darle el cáliz del vino del ardor de su ira".

Apocalipsis 16:16-19

¿Fue la guerra de los Estados Unidos con Irak un ensayo para el Armagedón?

Cuando se determinen los equipos para la batalla final, Babilonia estará de un lado y Jerusalén del otro. ¿Fue la guerra de los Estados Unidos con Irak un ensayo para el Armagedón?

La reencarnación de Nabucodonosor

La maldad de Babilonia (pasada, presente y futura) se personifica en Saddam Hussein, cuyas reservas secretas de armas de destrucción masiva amenazan a todo el mundo y cuya violencia, incluso contra su propio pueblo, parece insaciable.

Saddam ya ha usado armas de destrucción masiva contra 200,000 kurdos. Por su incumplimiento a destruir estas armas, Irak fue puesto bajo un embargo petrolero sancionado por la ONU, el cual les produjo una enorme pérdida económica. Han perdido entre 130 y 180 mil millones de dólares en ventas de petróleo para proteger sus reservas de armas.¹ Esta es la cantidad que habrían percibido por su petróleo si hubieran acatado las resoluciones de la ONU de destruir todas sus armas de destrucción masiva. Con todo no lo hicieron, y creo que la razón por la cual no encontramos sus armas es porque las han trasladado, junto con el dinero, a Siria y el Líbano. Babilonia siempre se ha opuesto al pueblo judío, y si Saddam Hussein sobrevive, o si su hijo poseído por el demonio sobrevive, creo que harán el intento de usar sus armas químicas y biológicas. Su mayor gozo es vivir para luchar otro día y descargar su bilis contra los Estados Unidos en Irak e Israel. Algunos del clan de Saddam ya han salido de Siria; muchos piensan que podrían estar en América del Sur, probablemente en Argentina. Sólo hay que seguir el rastro del dinero para encontrarlos.

Según un artículo del New York Times del 7 de enero del 2003:

"El presidente iraquí Saddam Hussein acusó a los inspectores de armas de la ONU... de espiar en su país, y en un discurso que mostraba imágenes bélicas de los tiempos bíblicos, hizo un llamado al pueblo iraquí a rededicarse a la destrucción de sus enemigos. Saddam acusó a los Estados Unidos de colaborar con 'la entidad Sionista' de Israel. [Nota del autor: El mundo árabe, renuente a reconocer a Israel como nación, a menudo se refiere a él como 'la entidad Sionista' y a las tierras de Israel como 'los territorios ocupados']²

Saddam Hussein cree ser Nabucodonosor reencarnado y que su destino es gobernar un imperio Babilónico que ha resucitado recientemente. Uno de los nombres de la Guarda Republicana Elite es la División Nabucodonosor. Saddam ha gastado miles de millones reconstruyendo la antigua ciudad de Babilonia, preparándose para coronarse rey y gobernante de un Irak expandido. También ha gastado enormes sumas de dinero restaurando muchos sitios históricos como el Palacio del Sur de Nabucodonosor, el Camino de la Procesión y la Puerta de Ishtar. Se dice que desea restaurar a Babilonia como símbolo de su propia grandeza y que trata de mudar hacia allá la capital. Hay informes que desde su derrota en la Guerra del Golfo en 1991, Saddam Hussein ha gastado mil millones de dólares construyendo un palacio en el lugar de la antigua Babilonia, exhibiendo una placa en la que se compara con el rey Nabucodonosor. Pero lo más inquietante es que Saddam también gastó billones en armas de destrucción masiva, una amenaza para la paz mundial".

Lo que nunca se le dijo al mundo

Tras la Guerra del Golfo, los oficiales de la ONU tuvieron acceso a un informe clasificado. Según Kenneth M. Pollack, el principal oficial responsable de la implementación de la política norteamericana hacia Irak para el Consejo Nacional de Seguridad, "Saddam había delegado de antemano órdenes, a las unidades scud iraquíes, de lanzar mísiles con agentes biológicos y químicos contra Tel Aviv si la coalición hubiera marchado contra Irak en 1991. Su acto final sería librar al mundo árabe de los sionistas".[3]

El 23 de diciembre de 2002, el Primer Ministro Ariel Sharon dijo en la televisión israelí: "Hay muchas posibilidades de que Saddam Hussein haya contrabandeado armas químicas y biológicas a Siria para esconderlas de los inspectores de las naciones Unidas".[4]

El más respetado comentarista de asuntos militares de Israelí, Ze'ev Schiff predijo: "Si Irak ataca a Israel con cabezas de guerra no convencionales y causara muchas víctimas entre la población civil, Israel podría responder con una represalia nuclear que eliminaría a Irak como país".[5] Dicho en otras palabras, se cumpliría la profecía bíblica y Babilonia sería barrida con "la escoba de la destrucción". Anótelo, esta profecía se cumplirá al pie de la letra, esperemos que no sea durante nuestra existencia.

A principios de diciembre de 2002, un barco con destino a Yemen procedente de Corea del Norte, que contenía mísiles fue interceptado. Inicialmente se creyó que su cargamento había sido comprado ilegalmente por el gobierno de Yemen. Los Estados Unidos entregaron el barco sólo cuando Yemen acordó quedarse con los misiles. Luego se reveló que el destino final de los mísiles era Irak.[6]

Se cree que estas armas de destrucción masiva pueden estar en manos del grupo terrorista Hezbolah. Irak ha estado enviando cohetes de largo alcance al Líbano a través de Siria para el uso de la organización terrorista Hezbolah.[7] Hezbolah había recibido cohetes por esta ruta. Ahora hay entre 8,000 y 12,000 cohetes en el Líbano con capacidad de alcanzar a las principales ciudades de Israel.

La ayuda Siria a Irak también es un fuerte motivo de preocupación: A medida que los Estados Unidos tratan de estabilizar a Bagdad, ¿tratarán los regímenes terroristas islámicos y los estados vecinos de atacar a Israel y a las tropas norteamericanas con armas de destrucción masiva? Sabemos que Saddam las tenía. ¿Es posible que ya haya colocado muchas en manos terroristas? ¿Por qué los Estados Unidos fueron a la guerra contra Irak? Creo que fue porque Siria estaba permitiéndole a Irak que contrabandeara miles de millones de dólares a través del país, incluyendo armas de destrucción masiva. Los Estados Unidos sabían que Siria estaba profundamente comprometida con los Osamas del Medio Oriente en el Líbano. Cuando estos terroristas pongan sus manos sobre las armas de destrucción masiva, no existirán los blancos militares. Sólo habrán espías esperando el momento oportuno para actuar. El oleoducto de oro negro entre Siria e Irak estaba completamente abierto antes de la guerra (*un quid pro quo*). Los Estados Unidos necesitaban terminar con eso. ¿Por qué? Irak estaba alimentando a los tiburones. ¿Cómo cerrarlo? ¡Atacar a Irak pronto!

En segundo lugar, los Estados Unidos necesitaban una base para librar la batalla contra el terrorismo. Como dijo el presidente Bush tras el 11 de septiembre "la llevaremos a los terroristas". Ahora tenemos una base.

En tercer lugar, el oro negro se usó para financiar la guerra terrorista. Había que poner fin a esa dinámica, no sólo en Irak, sino en todo el Medio Oriente. Las dictaduras de esa región gobiernan a sus pueblos no por el voto, sino por la bala. El Medio

Oriente tiene 22 dictaduras (corporaciones de propiedad familiar). La democracia en Irak podría hacerse tan contagiosa como el virus del ébola. Esto haría que el último bastión del totalitarismo (los regímenes árabes) se colapsaran como un castillo de naipes... igual a los eventos de Europa del este y la ex U.R.S.S.

A las operaciones militares especiales norteamericanas, en el este de Irak, se le dieron las órdenes de seguir hacia Siria. Los soldados norteamericanos en Irak ahora tienen barajas que muestran las caras de 55 líderes fugitivos del régimen de Saddam. Saddam es el *As* de las barajas. Se ha dado la orden: "Si hay 'inteligencia creíble' bajo la doctrina de la 'persecución violenta', entonces mátenlo y atrápenlos".

> *La democracia en Irak podría hacerse tan con - tagiosa como el virus del ébola.*

También hay una recompensa de millones de dólares por Saddam. El Dr. Germen, el Hombre Misil y docenas de sus altos oficiales que se cree que han escapado de Bagdad a Siria. Farook Hajazi, el director de la policía secreta de Saddam, está en Damasco. Se sospecha que el Sr. Hajazi jugó un papel clave en la trama para asesinar al presidente George H. W. Bush cuando visitó a Kuwait en 1993.

Esperen un "engaño". Siria no se presentará con lágrimas y gritos como lo hizo Saddam Hussein. Optarán por la vía diplomática para tranquilizar los ánimos. Cuando haya pasado el momento difícil, volverán a gobernar con un régimen que apoye el terrorismo. Creo que el clan de Saddam se dirigirá al Líbano o a América del Sur... lo más probable es que sea a Argentina. Diez mil millones de dólares compra muchos favores.

Isser Harel fue el cerebro tras la captura de Adolf Eichmann, el carnicero de Hitler. Eichmann huyó de Alemania a Argentina en 1946. El 11 de mayo de 1960, Harel capturó a Adolf Eichmann en Buenos Aires.

El 15 de abril de 2003, *The New York Times* reportó: El presidente Bush declaró hoy que "el régimen de Saddam Hussein ya no existe", y que su administración usó su rápido éxito en la deposición del líder iraquí para ejercer nueva presión sobre Irán y Siria, vecinos de la nación ocupada recientemente. Sus declaraciones... fueron parte de una estrategia declarada para... dar nueva forma al Medio Oriente, y el Sr. Bush dijo que planeaba hacer del nuevo Irak un modelo de la democracia en el Medio Oriente.

Diez billones de dólares comprarán muchos favores.

Zacarías 14:12 describe las graves circunstancias que depara el futuro a los que luchen contra Israel y la importancia que Dios le da al apoyo a Israel.

"Y esta será la plaga con que herirá Jehová a todos los pueblos que pelearon contra Jerusalén: la carne de ellos se corromperá estando ellos sobre sus pies, y se consumirán en las cuencas sus ojos, y la lengua se les deshará en su boca".

Zacarías 14:12

Esta descripción, en la cual la gente se convierta en cadáveres ambulantes, es una descripción perfecta de los resultados de un ataque nuclear.

¿Ven cómo se ha ido preparando el escenario? Nos encaminamos hacia la batalla final y ésta será entre Babilonia y Jerusalén, ¿es la guerra de la coalición dirigida por los Estados Unidos sólo un eco futuro del Armagedón o el primer paso del camino hacia él? Una vez la línea haya sido trazada en la arena, de qué lado terminaremos? Recuerden que los Estados Unidos liberó a Afganistán suministrando las armas, el entrenamiento y dinero para derrotar a los rusos, sólo para ver esta nación caer en manos de terroristas islámicos entrenados por los sauditas, lo que nos obligó a liberar de nuevo a Afganistán.

Tengo la firme convicción de que la hora de decisiones críticas nos ha llegado.

"Al realizar la obra de Dios, no hay sustituto para la oración. La gente de oración no puede ser sustituida por otro tipo de gente, gente con habilidades financieras, gente educada, gente de influencia secular, ninguna de estas pueden sustituir a la gente de oración".

E. M. Bounds

"Estos confían en carros, y aquéllos en caballos; mas nosotros del nombre de Jehová nuestro Dios tendremos memoria…"

Salmos 20:7

"Voz de alboroto de la ciudad, voz del templo, voz de Jehová que da el pago a sus enemigos. Antes que estuviese de parto, dio a luz; antes que le viniesen dolores, dio a luz hijo. ¿Quién oyó cosa semejante? ¿Quién vio tal cosa? ¿Concebirá la tierra en un día? ¿Nacerá una nación de una vez? Pues en cuanto Sión estuvo de parto, dio a luz sus hijos".

Isaías 66:6-8

3
UN CONFLICTO INICIADO EN LAS ARENAS DEL DESIERTO

"Nunca debemos desanimarnos; nuestra situación ha sido difícil antes, y ha cambiado para mejor, así que estoy confiado de que así será una vez más. Si surgen dificultades, debemos poner adelante nuevos fuerzas y balancear nuestros esfuerzos ante las exigencias de los tiempos".

George Washington

El conflicto iniciado en las arenas de la Península arábiga se ha estado formando desde hace mucho tiempo. Desde que Dios llamó a Abraham a salir de Ur,[1] los bandos se han ido conformando. Pronto el mundo tendrá que escoger, tanto las naciones como los individuos, de que lado estarán. Tendrán que decidir respaldar la causa del Monte de Sión (Jerusalén) obedeciendo así la voz del Espíritu del Señor, o entregarse a las pasiones de la carne, bebiendo del "vino de la ira de su fornicación" [la de Babilonia][2], que simboliza la auto justificación y la idolatría. Nadie podrá permanecer indiferente o neutral. Los que escojan estar del lado de Dios tendrán que perseverar en su determinación y obedecer la voz del Espíritu Santo.

¡Salid de Babilonia!

La ciudad de Ur, de donde fue llamado Abraham, estaba situada en lo que hoy es Irak. De la misma forma en que Abraham fue llamado a salir de la Babilonia terrenal, se nos llama a salir de la Babilonia espiritual de complacencia carnal.

> *"Pero Jehová había dicho a Abram:*
> *Vete de tu tierra...*
> *a la tierra que te mostraré.*
> *Y haré de ti una nación grande,*
> *y te bendeciré,*
> *y engrandeceré tu nombre,*
> *y serás bendición.*
> *Bendeciré a los que te bendijeren,*
> *y a los que te maldijeren maldeciré;*
> *y serán benditas en ti todas las familias de la tierra".*
>
> Génesis 12:1-3

Abraham fue a Canaán (v. 5), una tierra que incluye al Israel contemporáneo. Aunque se nos ha llamado a un Israel espiritual y a una Nueva Jerusalén, Dios nunca revocó Su don terrenal de la tierra de Canaán a Abraham y a su descendencia a través de Isaac. Fue allí donde Dios hizo un pacto con él diciendo:

> *"En aquel día hizo Jehová un pacto con Abram, diciendo: A tu descendencia daré esta tierra, desde el río de Egipto hasta el río grande, el río Eufrates;"*
>
> Génesis 15:18

El tamaño de la tierra que posee hoy Israel es la sexta parte del uno por ciento (.006) de la tierra que poseen los 21 países árabes del Medio Oriente. Mientras ambos grupos son descendientes directos de Abraham, la promesa terrenal de Dios sólo fue para uno de ellos. La batalla siempre ha sido entre los dos hijos de Abraham: Ismael e Isaac.

Ismael e Isaac

La descendencia de Abraham incluye tanto a los árabes como a los judíos quienes son los descendientes de sus hijos Ismael e Isaac. Ismael nació de Agar, la sierva de Sara, la mujer de Abraham. El ángel del Señor se le apareció a Agar y le dijo:

> *"He aquí que has concebido,*
> *y darás a luz un hijo,*
> *y llamarás su nombre Ismael,*

porque Jehová ha oído tu aflicción.
Y él será hombre fiero;
su mano será contra todos,
y la mano de todos contra él,
y delante de todos sus hermanos habitará".

Génesis 16:11-12

Pocos discordarían que esta es una perfecta descripción de los terroristas árabes que nos amenazan hoy en día. Sin embargo, Dios hizo la siguiente promesa a Abraham con respecto a su hijo Ismael: "Y también del hijo de la sierva (Agar) haré una gran nación, porque es tu descendiente". Génesis 21:13, (inserción del autor.)

Después de que nació Ismael, Sara, la esposa de Abraham le dio a Abraham un segundo hijo,

Quien se llamó Isaac, y no a Ismael, a quien fueron transmitidas las promesas del pacto: "...porque en Isaac te será llamada descendencia". (v. 12).

> *Dios guarda sus promesas y se hará su voluntad.*

La misma bendición que fue transmitida a Isaac fue transmitida a su hijo Jacob. A su vez, Jacob transmitió la bendición a sus herederos, los patriarcas de las doce tribus de Israel. Esa misma bendición ha sido transmitida de manera continua a través del linaje de Isaac, hasta los judíos de hoy en día. El pueblo *judío* en particular es el que Dios dijo que recibiría una bendición especial.

"Y estableceré mi pacto entre mí y ti, y tu descendencia después de ti en sus generaciones, por pacto perpétuo, para ser tu Dios, y el de tu descendencia después de ti. Y te daré a ti, y a tu descendencia después de ti, la tierra en que moras, toda la tierra de Canaán en heredad perpetua; y seré el Dios de ellos".

Génesis 17:7-8

Independientemente de las opiniones del hombre y de lo que digan los medios de comunicación, Dios dijo que la tierra de

Israel pertenece al linaje de Abraham, Isaac y Jacob. Dios guarda sus promesas y se hará Su voluntad.

La amargura de Ismael se convierte en engaño

Para conocer la fuerza de la visión del mundo de los fundamentalistas islámicos debemos remontarnos al nacimiento del Islam. Mahoma, nació cerca del 750 d.C. en Meca, y fundó el islamismo. Fue criado por un tío suyo y creció trabajando como pastor y camellero.

Mahoma deambuló con las caravanas mercantes, exponiéndose a los debates filosóficos del Medio Oriente de su tiempo. También se dedicó a conocer de las enseñanzas del judaísmo y la relativamente joven religión del cristianismo. Estas enseñanzas produjeron una insatisfacción en Mahoma con respecto a la religión tradicional árabe politeísta con sus muchos dioses tribales.

Después de casarse con una viuda rica, Mahoma se retiró de la vida agitada de los camelleros. La nueva seguridad de Mahoma le permitió pasar el tiempo en el desierto meditando y orando. Uno de estos períodos de meditación duró seis meses, y culminó, según Mahoma, con la aparición del ángel Gabriel, el cual le ordenó a que "proclamara".

Mahoma ya había recibido su comisión de proclamar, ahora necesitaba "sustancia" para fortalecer su proclamación. Lo que siguió fue un período de intensa revelación. En un lapso de 23 años, "Gabriel" dictó las 114 surahs, o capítulos, del Corán islámico o sagradas escrituras, que tienen aproximadamente la misma extensión del Nuevo Testamento. Según las enseñanzas islámicas, el Corán es la revelación determinante de la voluntad divina de Alá, que reemplaza a todas las revelaciones anteriores, incluyendo al Antiguo y al Nuevo Testamento.

Sí, bien es cierto que la mayoría de los musulmanes de ningún modo son terroristas, también es cierto que la mayoría de los fundamentalistas islámicos odian todo lo que occidente representa, y ese odio es tan violento que ha dado lugar al terrorismo que enfrentamos en las calles de Bagdad. Nuestra democracia y nuestra forma de vida es, según su punto de vista, una amenaza a su propia existencia. Si prevalece el occidente, las mujeres islámicas podrían votar y hasta manejar autos.[3]

Por más sorprendente que esto aparente, un príncipe Saudita me dijo que si las tropas estadounidenses comieran tocino con huevos, eso significaría el fin de su régimen. Permitir a los infieles en su suelo era suficientemente malo, pero que éstos trajeran sus costumbres impuras era algo que no podía ser tolerado.

"A tu gente le gusta el tocino!"[4] Esta es una amenaza mayor para nuestra supervivencia que Saddam", dijo.

> *Si las tropas estadounidenses comieran tocino con huevos, eso significaría el fin de su régimen.*

De la Meca a Medina y de Medina a la Meca

Mahoma entendió que una religión sin conversos no valía nada. Su primer discípulo fue su mujer Kadijah. Ganó unos pocos conversos más, pero el éxito del proselitismo de Mahoma fue limitado. La prosperidad comercial de la Meca dependía de los que venían a venerar los 360 ídolos que rodeaban la sagrada "Piedra Negra" en la Kaaba.[5] Mahoma dio en el bolsillo de los habitantes de la Meca, instigando así una persecución generalizada.

El 22 de junio de 622 d.c. el profeta huyó a la ciudad que se conoció por el nombre de Medina, como a 320 kilómetros al noroeste de la Meca. Los nativos de Medina fueron más receptivos a las enseñanzas del profeta, y pronto Mahoma fundó una base de poder religioso y político. Sin embargo, los judíos de Medina se negaron a aceptar la nueva religión, afirmando que había pervertido las sagradas escrituras judías. Al fracasar en la conversión de los obstinados judíos, Mahoma recurrió a lo que se volvería común entre los musulmanes: eliminó a los judíos matándolos y desterrándolos. Mahoma puso un sórdido ejemplo para sus discípulos modernos, los Kadafis, los Komeinis, Arafats, bin Laddens y Husseins de este mundo.

Medina fue un refugio temporal para Mahoma. Su meta era marchar sobre la Meca y vengarse de su anterior destierro de su ciudad natal. Cuando sus combatientes llegaron a ser 10,000 hombres, Mahoma marchó sobre la Meca, depuso a sus defensores y conquistó la Kaaba, la cual se convirtió en el lugar sagrado de Alá, y la Meca en la ciudad sagrada de los musulmanes, el centro espiritual del islamismo. la Meca sigue siendo un imán para los musulmanes, quienes oran cinco veces en dirección a la Meca por día y de quienes se espera hagan el peregrinaje (o haj) por lo menos una vez en su vida.

El último Profeta

Después de su conquista de la Meca, Mahoma comenzó a unificar a las tribus árabes y convertirlas en una nueva civilización. A su muerte, la mayoría de Arabia había sido consolidado bajo Mahoma, sin embargo él quería mucho más que tan sólo el control islámico de la Península Arábiga. El miraba hacia Persia y más allá para exportar su naciente religión. Mahoma tenía la convicción de que había sido llamado por Alá para alcanzar a los perdidos. Mahoma creía que era el último profeta. Adán, Noé, Abraham, Moisés y Jesús, según Mahoma, también eran profetas. Pero él tenía la última palabra. Mahoma tomaba preferencia e importancia sobre los profetas anteriores.

Es interesante que Abraham, el padre de los judíos, también es abuelo de los árabes. Ismael, el primer hijo de Abraham, se convirtió en el padre de los árabes. Mahoma declaró que como Abraham había entregado a su primogénito Ismael como sacrificio,[6] los descendientes de Ismael deberían conocerse como los hijos de Dios. De ahí proviene el entendimiento de los musulmanes de que ellos son los "verdaderos" hijos de Dios. Ellos ven a los judíos como invasores, igual que al occidente. Para ellos, los infieles tienen que someterse a ellos.

El Corán

En el momento de la muerte de Mahoma en el año 632 d.C., la maquinaria islámica estaba en posición para atacar a sus naciones vecinas. Mahoma no dejó sólo el legado de una máquina de guerra, sino que también dejó el *Corán*, que significa "La Lectura", y consiste de 114 surahs que contienen la revelación recibida por Mahoma. Las surahs no están organizadas cronológicamente ni por tópico, sino según su extensión: la más corta primero y la más larga a lo último. Cada padre islámico quiere que su hija se case con el joven islámico ideal: un joven que pueda recitar las 77,639 palabras del Corán de memoria. A veces muchachos de diez o doce años pueden recitar el Corán completo. Arabia Saudita exportó la doctrina del Wahabismo a Pakistán. Construyeron escuelas y mezquitas. Fue de estas escuelas donde se reclutaron los que luego vinieron a ser los miembros del Talibán.

Para entender la mentalidad islámica hay que enumerar las creencias fundamentales del islamismo, que se basan en el Corán.

- La creencia en un solo dios, Alá, quien gobierna al mundo.
- La creencia en los ángeles, quienes cumplen las órdenes de Alá.
- La creencia en los profetas mayores y menores. Entre los profetas mayores, Mahoma nombró a Adán, a Noé, a Abraham, a Moisés y a Jesús, y naturalmente, a sí mismo, el último profeta. Enseñó que cada país tenía un profeta nacional o local.
- La creencia arraigada en el Día del Juicio, los verdaderos creyentes serían recompensados en el paraíso, un "jardín de delicias". Los impíos sufrirían la tortura de los siete terribles infiernos.

- La creencia en el determinismo. Los musulmanes creen que en el mundo no pasa nada, ni siquiera el 11 de septiembre, sin que sea la voluntad de Alá.

Los cinco pilares del islamismo

¿Qué debe hacer un musulmán para entrar el "jardín del paraíso?" El Islam plasma cinco rigurosos principios que debe obedecer todo buen musulmán. Al obedecer los cinco principios, muchos musulmanes demuestran un fervor que les falta a muchos cristianos. Los musulmanes tibios son tan despreciables ante Alá, según la enseñanza islámica, como los cristianos tibios a Cristo.

A continuación, los "Cinco Pilares de la Fe" de los musulmanes:

1. Confesar con el corazón y con los labios la *shahada*: "No hay otro dios sino Alá, y Mahoma es su mensajero".

2. Decir cinco oraciones diarias inclinándose en dirección de La Meca. El adorador debe orar de pie, inclinándose, postrado y sentado. Las oraciones deben ofrecerse en la mañana, antes de la salida del sol, justo antes del mediodía, en las últimas horas de la tarde, al atardecer, y en la noche. (Por cierto, la negativa de los judíos de inclinarse en dirección a la Meca encolerizaba a Mahoma.) En vez de esto, los judíos oraban en dirección a Jerusalén, hacia el Templo del Monte.

3. Se espera que los musulmanes ayunen 28 días consecutivos cada año durante el mes de Ramadán. Una persona que ayuna no puede comer, beber, fumar o tener relaciones sexuales desde el amanecer hasta el crepúsculo, aunque puede hacer estas cosas durante la noche.

4. Cada adulto que tenga la capacidad física y financiera debe realizar un peregrinaje, o *haj*, a La Meca por lo menos una vez durante su vida.

5. El islamismo requiere que cada creyente dé una porción de sus ganancias a la caridad. Omar II dijo: "La oración nos lleva a la

mitad del camino con dios, el ayuno a la puerta de su palacio, y las limosnas nos dejan entrar".

La ley islámica

Además del Corán y de los principios básicos de la fe islámica, los seguidores de Mahoma han desarrollado un complejo código de ética, moral y deberes religiosos. Las enseñanzas explican explícitamente incluso los aspectos más triviales de la conducta.

Una de las obras escritas de Mahoma contenían un código de conducta del cual se decía que era "una codificación rigurosa, exacta y específica de la forma de comportarse en cada circunstancia concebible, desde la defecación, el orinar, las relaciones sexuales, el comer y la limpieza de los dientes".

Igual que los gobiernos que ha producido, la ley islámica es autoritaria. Según la ley islámica, *no* te involucrarás en: placeres frívolos, el canto ni tocar instrumentos musicales de ninguna especie, juegos de azar, el uso de licor, calumnia, mentira, rudeza, aspereza, intriga, traición, deslealtad en la amistad, negación de la responsabilidad hacia la familia, arrogancia, vanagloria, obscenidad, agresividad y tiranía.[7]

No importa cuán nobles sean estos principios, no obstante, el seguirlos no conduciría más a la justicia que el seguir las leyes del Antiguo Testamento — los deseos humanos y el egoísmo todavía se interponen. Por esto razón, el islamismo pronto se apartó del camino de la liberación y la devoción y se convirtió en un medio para controlar a los demás. El islamismo se tornó a la "ley de la espada" que ejemplificaron las primeras conversiones importantes de Mahoma.

Jihad había nacido.

El cristianismo vs. el islamismo

El cristianismo se diferencia del islamismo como el día de la noche. Mientras que la Biblia exhorta a los seguidores de Cristo a "poner la otra mejilla", el Corán insta a los fieles de Alá a "hacer la guerra a los que no creen... hasta que la idolatría no exista y la religión de Alá reine suprema".

> *El cristianismo difiere del Islam, como el día difiere de la noche.*

Sólo tenemos que mirar al principio del cristianismo para ver la diferencia básica entre las dos religiones. La aparición del Mesías fue preordenada antes de la formación del mundo. El Antiguo Testamento dio referencias precisas sobre el Mesías. Por lo tanto, no hubo gran sorpresa cuando el ángel Gabriel se apareció a una joven judía, hace unos dos mil años, anunciando el nacimiento del esperado Rey de Reyes. La declaración de Gabriel cumplió cientos de profecías del Antiguo Testamento. El cristianismo tuvo su origen en el corazón de Dios.

> "La oración es de importancia trascendental. La oración es el agente más poderoso para adelantar la obra de Dios. Sólo los corazones y las manos que oran pueden hacer la obra de Dios. La oración tiene éxito cuando todo lo demás falla".
>
> E. M. Bounds

4
JIHAD: UNA GUERRA SIN SANTIDAD

*"Oh pueblo del libro,
no vayáis más allá de los límites de vuestra religión
ni digas nada sobre Alá sino la verdad".*

*"No hay Dios sino Alá
él no tiene socio.
El Mesías Jesús, hijo de María,
no es más que un mensajero de Alá y de su palabra
que él ha dado a María y un espírtu Suyo".*

*"Creed, pues sólo en Alá y en su mensajero,
pero no digáis tres (trinidad) y os irá mejor".*

*"Alá es un sólo Dios
es imposible para su gloria que tuviera un hijo.
Ciertamente a la vista de Alá, el Islam es la religión".*

Traducción de una inscripción en árabe
del Templo del Domo de la Roca
El Templo sobre el Monte de Jerusalén

Donde las conversiones por la espada sustituyen a la persuasión y a la búsqueda de la verdad, el Islam se aparta de sus nobles directrices hacia la ley de la bala, la militancia, la traición, el terrorismo y la violencia entre las facciones islámicas y hacia todos los no musulmanes.

Estos brutales conceptos islámicos se remontan a los escritos de Mahoma en el Corán que instan a hacer la *jihad*, o la guerra santa, contra todos los no musulmanes. La guerra santa sigue siendo parte integral del Islam desde sus inicios hasta nuestros días.

El llamado del Corán de hacer la guerra santa es claro. El Corán contiene declaraciones como "Combatid contra ellos hasta que dejen de induciros a apostatar y se rinda culto a Alá. Si cesan, no haya más hostilidades que contra los impíos (los cristianos y los judíos)".[1]

Los estudiosos islámicos hasta han fraguado un dogma para la guerra santa, basado en las enseñanzas del Corán. Los estudiosos argumentan que es contra la ley islámica apartarse de la *jihad* y adoptar la paz a menos que la fuerza islámica sea débil y el oponente sea fuerte. Tras una renovada preparación para hacer la *jihad*, los musulmanes pueden reconvocar las hostilidades.

Según la ley islámica, la *jihad* nunca terminará: durará hasta el Día del Juicio. La guerra forma la base de las relaciones entre los musulmanes y sus oponentes, a menos que haya razones justificables para la paz; es decir, cuando la fuerza opuesta tenga mayor armamento.

Imperialismo islámico

Desde el principio, el Islam obtuvo éxito con su "política de conversión por la espada".[2] Mahoma bendecía a los "conversos" que aceptaban el islamismo pacíficamente. Pero a los que lo rechazaban, Mahoma les decía así: "Yo, el último de los profetas, soy enviado con una espada. La espada es la llave del cielo y del infierno, y quien la saque en nombre de la fe será recompensado".[3]

Mahoma, y luego sus seguidores, desenvainaron sus espadas primero en las regiones contiguas a Arabia. Veinticinco años tras la muerte de Mahoma, sus discípulos habían capturado y convertido, por la fuerza, a Persia, Siria, Palestina y a Egipto. En menos de 75 años, los musulmanes se habían extendido por el norte de África. Cruzaron el angosto Estrecho de Gibraltar y entraron a Europa por España. Sólo la aplastante derrota de las fuerzas islámicas por Carlos Martel, en la Batalla de Tours, en el 732 d.C. puso frenos la furiosa arremetida islámica.[4] Casi mil años más tarde, en 1683, el rey polaco Juan Sobieski frustró a los intrusos turcos musulmanes a las puertas de Viena. Los musulmanes estuvieron a un pelo de dominar a Europa, el continente del cual vino nuestra herencia cristiana.

Sin embargo, los amenazantes musulmanes se habían establecido firmemente en el mundo mediterráneo. La esfera de influencia del Islam se extiende desde el Océano Atlántico hasta las fronteras de China, esto abarca una extensión que cubre los territorios de todos los grandes imperios de la historia. Hoy hay 44 estados islámicos; la mitad de ellos son árabes. Hay cerca de mil millones y medio de musulmanes en todo el mundo. Los musulmanes cubren la mitad del globo, desde el Norte de África al sur de Rusia, desde el norte de la India a Indonesia. Inclusive el mundo no musulmán también tiene un sabor islámico único.

Hay cerca de 24 millones de musulmanes en Europa de los cuales un millón están en Gran Bretaña. El Primer Ministro británico, Tony Blair, el aliado más poderoso de los Estados Unidos, le hizo presión al presidente Bush durante toda la guerra de Irak, para que impulsara la "Hoja de Ruta" (para más información sobre esto, vea el Capítulo 10 y el Apéndice A.) ¿Resulta extraño que Tony Blair necesite un *quid* israelí para un *quo* palestino? Hay dos millones de musulmanes en Francia. ¿Es de extrañar que los franceses estuvieran en contra de la guerra de Irak? En Alemania viven más de un millón de musulmanes, así que ¿es de extrañar que Alemania también estuviera en contra de la guerra de Irak? También hay cerca de 80 millones de musulmanes en Rusia y más de un mil millones

El mundo islámico había ardido con brillo durante un tiempo en el escenario mundial

representados en la ONU. ¿Es de extrañar que tres de los cuatro miembros del Cuarteto representen a la mayor parte del mundo musulmán? ¿Pueden imaginarse que se invirtiera el número, y todos los judíos que hay tuvieran una conferencia para exigir que un país árabe les diera a los judíos las tierras para su propio estado? Cuando Carlos Martel aplastó la arremetida islámica en

Europa en el siglo octavo y los cruzadas cristianas lanzaron su valiente, pero temeraria, misión para recuperar de los musulmanes los lugares sagrados de Tierra Santa, los musulmanes se pusieron a la defensiva. Más tarde, los turcos, mongoles y los tártaros atacaron el bastión islámico del Medio Oriente. Aunque estos invasores se convirtieron al Islam, los musulmanes del Medio Oriente estaban demasiado ocupados repeliendo y convirtiendo a los invasores para hacer una guerra santa agresiva. Además, las luchas internas musulmanas no dejaban tiempo para hacer *jihad* contra los infieles. Aunque el mundo islámico había ardido con brillo durante un tiempo en el escenario mundial, Europa comenzó a surgir de sus tinieblas hace aproximadamente 550 años, con lo cual eclipsó al meteoro islámico. Los musulmanes aún tenían el deseo de hacer la jihad, pero no los medios.

Colaboración

A través de los más de trece siglos de la existencia del Islam, el mundo islámico ha confiado en un número dispar de colaboradores para destruir a los judíos a través de la guerra santa. Los judíos han sido perseguidos donde quiera que han estado errantes. Europa demostró ser particularmente poco hospitalaria para los judíos. España prácticamente liquidó a todos los judíos durante la Inquisición del Siglo XV. Casi todos los países europeos han permitido que el antisemitismo asome su horrible cabeza, desde Italia hasta Estonia.[5] A fines de la Edad Media, Polonia se convirtió en un refugio para los judíos. A principios de la Segunda Guerra Mundial, 3.3 millones de judíos vivían en Polonia. Hoy quedan sólo 6,000 judíos en Polonia. Hitler asesinó a tres millones de judíos polacos. El gobierno comunista de la posguerra terminó el trabajo iniciado por Hitler. En el Siglo 20, se ha hecho resaltar a Alemania como la única perseguidora de los judíos. En total, Hitler asesinó a seis millones de judíos, pero en muchos países, incluyendo a Francia, Rumania, los países del Báltico y Rusia, su exterminio de los judíos encontró aprobación generalizada. Por siglos, Satanás ha impulsado a la gente a odiar al pueblo escogido de Dios. Hoy, hay otro poder internacional aliado con el mundo islámico que se ha dedicado de todo corazón a erradicar a los judíos en una aterrorizadora e impía alianza para la guerra santa. Ese gran poder es la ex Unión Soviética. Rusia ha tenido una larga y terrible historia de antisemitismo. El remanente de los judíos, aproximadamente 1.6 millones, que quedan en Rusia y en sus antiguas repúblicas, enfrenta acoso diariamente y la negación constante de visas de salida. Los soviéticos y los musulmanes forman una extraña pareja: una nación abiertamente atea aliada con un grupo religioso fanático. El vínculo soviético-islámico se mantiene unido por una cosa: su odio hacia los judíos. El mundo árabe se unió detrás de Hitler en la Segunda Guerra Mundial, y muchos siguen enseñando su doctrina diabólica de que los judíos son los responsables de todos los problemas del mundo. También constituye un problema para ellos el hecho de que los cristianos adoren a un Mesías judío. La batalla es espiritual, ¡y es acerca de un *judío*, y no los judíos!

Oro negro

Los musulmanes podrían ponerse furiosos hasta que sus turbantes se hicieran harapos, pero el resentimiento, de por sí, no les serviría para hacer una jihad exitosa sin las armas de guerra modernas de nuestros días. La jihad de la era de Mahoma es imposible en nuestros días. La guerra santa ya no la pueden luchar los guerreros musulmanes montados a horcadajas en fuertes camellos, con sus espadas muy afiladas reluciendo en el sol abrasador del desierto, con gritos de *"¡Allah-hu-Akbar!"* (¡Alá es Todopoderoso!) desgarrando el aire. No, las guerras del siglo 20 y de principios del 21 se luchan con bombas, ametralladoras, pistolas, bazucas, lanzacohetes portátiles, granadas de mano y tanques. Pero, ¿dónde conseguirán el dinero para financiar la guerra moderna estos pobres musulmanes habitantes del desierto? Sin que lo supiera el profeta Mahoma, los musulmanes estuvieron pisando por siglos sobre las reservas de petróleo que financiarían la guerra del siglo 20.[6]

El mismo dominio de occidente preparó el terreno para el resurgimiento del mundo islámico. El occidente comenzó su ascenso hacia la cima del mundo con el inicio de la Revolución Industrial, a fines del siglo 18. Los inventos y las técnicas de la Revolución Industrial le permitieron a los Estados Unidos y a Europa ("El occidente") convertirse en los protagonistas principales del escenario mundial, esto es, cuando no se estaban apaleando entre sí en la guerra.

Tras la Segunda Guerra Mundial, una tranquilidad relativa volvió al mundo occidental, y los Estados Unidos, Europa Occidental y un advenedizo oriental, el Japón, se elevaron por encima de las otras naciones del mundo en los reinos de la economía y la tecnología. Pero lo que impulsó al occidente a alcanzar la superioridad económica y tecnológica fue una fuente de energía de bajo costo. Esa fuente es el petróleo, y los países islámicos poseían (y aún poseen) una reserva desmedida del oro negro que mueve al mundo.

Chantaje islámico

En los años 50, 60 y a principios de los 70, los Estados Unidos y el mundo occidental siguió operando sus factorías y autos con petróleo de bajo costo. Los Estados Unidos producían gran parte de su propio petróleo, y Europa compraba petróleo a precios irrisorios del Medio Oriente. Pero en 1960, la producción de petróleo de los Estados Unidos comenzó a disminuir, y a principios de los 70 los Estados Unidos se convirtieron en importadores netos de petróleo, e importaban casi todo el petróleo de los países islámicos. Sin embargo, los musulmanes no usaron su astuta carta del petróleo hasta su desastrosa derrota cuando atacaron a los israelitas en la Guerra de Yom Kippur de 1973. ¡Qué bien me acuerdo cuando llenaba el tanque de mi auto insaciable con la gasolina que se vendía a 26 centavos el galón! Pero después vino el embargo de petróleo de la OPEP en el otoño de 1973, y los precios baratos de la gasolina se hicieron tan inauditos como la nieve en el Ecuador. Los países productores de petróleo irrefutablemente se dieron cuenta que tenían el cuello del occidente en un lazo. Los aumentos del precio del petróleo llevaron a una recesión mundial. Los precios del petróleo, de los productos derivados del petróleo, como los plásticos, y de los productos producidos por el petróleo subieron por las nubes. Pero mientras las naciones industrializadas tambaleaban bajo los pagos excesivos por el petróleo, las arcas de los territorios de los jeques rebosaban con las divisas fuertes del occidente. Los musulmanes no sólo comenzaron a ejercer tremenda presión sobre occidente para que se desligue de Israel, sino que también recibieron ingentes sumas de dinero para financiar la guerra santa en todo el mundo (dirigida sobre todo a Israel.) Los palos y las piedras no iban a romperles los huesos a Israel, pero las bombas y el chantaje sí. El occidente, y sobre todo Europa occidental, se quedaron ociosamente observando cuando primero los países de la OPEP apuntaron con la pistola metafórica, y luego cuando los musulmanes pusieron sus armas de veras a las cabezas de los israelíes y de los países que apoyan a Israel, en especial a los Estados Unidos.[7]

El presidente Bush considera a Irán un estado terrorista e integrante del eje del mal. Actualmente Irán está intentando construir un reactor nuclear con la ayuda de los rusos. Ellos dicen que es estrictamente para uso interno y con el fin de proveer energía. Ese argumento sólo presenta un problema: Irán es el tercer productor de petróleo del mundo. Ellos no tienen un problema de energía. Además, los Estados Unidos le compran petróleo a Irán de la misma forma que le compraba a Irak. Lamentablemente, comprarle petróleo a Irak era ayudar a financiar a un régimen terrorista que viola la doctrina de Bush sobre el terrorismo. Es obvio que eso ya no volverá a suceder. También creo que los Estados Unidos dejarán de comprar petróleo Iraní, ahora que han desecho el cartel del Oro Negro de la OPEP, al controlar el petróleo de Irak.

Se revive la guerra santa

El siglo pasado fuimos testigos de un resurgimiento del intento de los musulmanes de hacer la guerra santa. Hay varias razones para esto. Los musulmanes se han sentido humillados por el surgimiento de occidente como *el* líder mundial. Pero el factor primordial que ha unido a las fuerzas islámicas para la guerra santa fue el renacimiento de la nación de Israel en 1948. Esta fue la peor catástrofe en los ojos del mundo musulmán.

Los dictadores islámicos del Medio Oriente necesitan un enemigo para justificar un ejército, y a alguien a quien culpar por la miseria humana en sus empobrecidas naciones. Israel fue la elección perfecta, ya que el mundo tenía la teoría de la conspiración de Hitler durante la Segunda Guerra Mundial. Los musulmanes toleraron la presencia judía en el Medio Oriente antes de 1949, pero no estaban dispuestos a permitirles a los judíos que volvieran a poseer los territorios que habían estado en poder de los musulmanes, a ellos no les importa la corta posesión histórica que poseyó Israel sobre esas tierras. A esto hay que añadirle la humillación de millones de musulmanes que perdieron en el campo de batalla a un ejército israelí con una penosa desventaja numérica.[8]

> *Pero para ellos, Israel es el "Pequeño Satanás," mientras que los Estados Unidos son el "Gran Satanás"*

El Israel renaciente ha servido como catalizador para darles a los árabes y a la familia más extensa de los musulmanes un sentimiento de unidad. Los musulmanes están dispuestos a pasar por alto su desconfianza mutua para destruir a la nación de Israel.

Los musulmanes pudieron resistir la intervención los turcos, mongoles, tártaros, franceses y británicos en el Medio Oriente, pero un Israel renacido (y sin planes de irse) ha encendido la indignación del mundo musulmán hasta el rojo vivo. A sus ojos, un estado judío es un "acto de guerra" contra el Islam.

Pero para ellos, Israel es el "Pequeño Satanás", mientras que los Estados Unidos son el "Gran Satanás", y ambos intentan destruir su forma de vida. No odian a los Estados Unidos por Israel, sino que odian a Israel por causa de los Estados Unidos. La batalla es acerca de un Libro, uno en el que creen tanto los judíos como los cristianos: El Antiguo Testamento; y si ésta es verdadera, entonces el Corán está equivocado.

"Una gran civilización no se conquista desde fuera hasta que se haya destruido a sí misma desde adentro".

Will Durant

*"Jehová Señor, potente salvador mío,
Tú pusiste de cubierta mi cabeza en el día de batalla".*

Salmo 140:7

5
UN ISLAM AUN MAS DISTORSIONADO

> *"El veredicto de asesinar a estadounidenses y a sus aliados, tanto civiles como a militares, es un deber individual de todo musulmán que pueda hacerlo en cualquier nación que le sea posible hacerlo".*
>
> Tomado un Fatwa (un decreto o enseñanza islámica)
> Dada por Osama bin Ladden
> 23 de febrero de 1998[1]

Esta horrorosa "enseñanza" dada por el hombre quien orquestó los ataques contra el pentágono y las torres gemelas del centro mundial del comercio es producto de la visión mas desviada y violenta del Islam: el wahabismo. El wahabismo proviene de las tribus Wahabis oriundas de Arabia Saudita. Estos han sido tildados de herejes en cientos de fatwas emitidos por musulmanes no radicales. A pesar de este rechazo, el wahabismo ha tomado fuerza suficiente para convertirse en la amenaza más seria contra los Estados Unidos, y el mundo, desde la sombra de la aniquilación atómica que presentaba la guerra fría.

El wahabismo nace como un movimiento propagado por predicadores-guerreros en el siglo 18. Interpreta al corán literalmente y es la forma más fundamentalista e integra del Islam. Por muchos siglos fue relativamente una secta pequeña compuesta mayormente por miembros de los wahabis; quienes fueron tildados por un gran número de musulmanes como herejes. Sin embargo, esto cambió cuando comenzaron a controlar el petróleo. Mucho petróleo. Los wahabitas eran unos insignificantes nómadas beduinos de la península arábiga hasta que los ingleses les ayudaron a tomar control de la Meca, Medina y algunos campos petroleros[2] al principio del siglo XX. El binomio del poder religioso, mediante el control de los lugares sagrados, y el repentino poder económico de las riquezas petróleras le ha dado a los wahabitas una enorme influencia en el mundo islámico. Ellos gobiernan a Arabia Saudita y son los responsables de la politización del Islam que ha surgido para amenazar al mundo entero. A través de su influencia, el wahabismo ha convertido en la espina dorsal de las creencias y el odio hacia del occidente de Osama bin Ladden y otros terroristas como él. Es una doctrina que enciende la mecha de todos los terrorsitas suicidas.[3]

Un año después de los ataques contra el Pentágono y las torres del Centro Mundial del Comercio, me pidieron que escribiera un artículo editorial que reflexionara sobre los cambios mundiales desde los ataques, para el periódico *"The Jerusalem Post"*. Me pareció apropiado presentar el impacto del wahabismo. El artículo que escribí dice lo siguiente: (aquí repito el recuento de Yigal Carmon que mencioné al principio del libro)

El Islam y los Infieles
4 de septiembre del 2002

En la mañana del 26 de febrero de 1993, Yigal Carmon, el asesor contra terrorismo del entonces Primer Ministro Yitzhak Rabin, le advirtió al Pentágono que el Islamismo radical era una amenaza legítima e inminente contra los Estados Unidos. Después de la presentación de su informe los críticos, con sonrisas sarcásticas, le informaron que no consideraban que una religión podía ser un riesgo a la seguridad nacional. Me impresioné cuando Yigal me contó esto en Jerusalén. Ese mismo día emprendió vuelo hacia Nueva York, mientras almorzaba en la ciudad, una enorme explosión tomo lugar: terroristas islámicos habían intentado derribar al Centro Mundial del Comercio. Mataron a seis personas e hirieron a mil.
El pasado 11 de septiembre, los terroristas islámicos completaron el trabajo. Nadie quiere saber las razones por la cual los estadounidenses fueron atacados, solo quieren saber quienes los atacaron. Osama bin Ladden es simplemente la vanguardia de un odio religioso que se origina en Arabia Saudita y que busca imponer la voluntad del wahabismo en todo el mundo. El acto terrorista de bin

Un Islam Aun Mas Distorsionado

Ladden es el primer tiro de la primera guerra mundial religiosa del siglo 21.[4]
Una campaña de la misma guerra se inició en Israel en el 1987, se llamó la Intifada. De lo que era inicialmente una violencia de lanzar piedras la agresividad escaló a los horrores de los terroristas suicidas que conocidos como los *"Al-Aska Intifada"*.[5]
Hemos pasado de palestinos danzando en las azoteas de sus casas durante los ataques de mísiles scud iraquíes en la guerra de Golfo Pérsico, a ver a madres palestinas celebrando y regalando dulces al escuchar que sus hijos se han detonado matando a pasajeros inocentes en un autobus israelí. En esta grotesca danza de la muerte, los celotes islámicos son reverenciado como mártires religiosos. El 9 de diciembre del 1987 la Hermandad Islámica se reunió y emitieron un comunicado llamando a una intensificación de la sublevación palestina. Representantes del Movimiento de la Resistencia Islámica lo firmaron. Abdullah Azzam, el mentor de Osama bin Ladden, fue quien formuló el contenido temático del comunicado: "No hay solución al problema palestino que no sea hacer 'jihad'". El objetivo era simplemente exportar la "revolución islámica" del Ayatolá Khomeini por vía del movimiento Hamas. Esto "islamizaría" el conflicto palestino. Así como el Islamismo venció el Shah de Irán quien era pro-occidente, y avergonzaron a los Estados Unidos, y tal como el Islamismo venció a los comunistas en Afganistán y aportó al colapso del imperio Ruso, lo mismo harían con "la entidad Sionista": sería lentamente desangrada al igual que el Gran Satán, los Estados Unidos. No hubo expresión de cólera o indignación por parte del clero musulmán el 12 de septiembre. En cambio un silencio sepulcral como se oye en Israel cada semana cuando judíos son muertos por los mismos tipos de terroristas. Este mismo silencio se encuentra en la muerte de palestinos que son tildados como colaboradores y luego ejecutados de inmediato por trabajar con Israel. Hace par de semanas Ikhlas Yasin de 39 años, madre de siete niños, fue baleada por la Brigada de Martires Aksa Fatah en la Plaza de Tulkarm[6]. El islamismo radical e intolerante se esfuerza por ser parte del vocabulario cotidiano. Busca cambiar el idioma de la política, culturas y tradiciones, y no toma prisioneros.
¿PORQUE han fracasado los Estados Unidos en sus numerosos intentos de implementar un proceso de paz entre Israel y Palestina? No tuvieron éxito en Madrid, ni en el Campamento David, ni en docenas de iniciativas tanto secretas como publicas. La razón es que el Islam radical no negocia con infieles. No lo hará con el Gran Satán, ni tampoco con el Pequeño Satán.

El Presidente George W. Bush ha dicho que es una "extraña coincidencia" que cada vez que nos movemos hacia la paz hay un ataque terrorista masivo en Israel. La verdad es que no hay nada coincidencial en estos ataques, buscan matar al pueblo israelí y humillar al Gran Satán.

Los únicos resultados de la mediación estadounidense han sido debilitar a su aliado más imortante de la región, y abrir las puertas a un creciente y agresivo terrorismo islámico. Cuando premias a los terroristas islámicos con concesiones políticas y económicas ellos asumen que les temes, y que sus tácticas logran los resultados esperados.

Ver la paz entre Israel y Palestina es la peor pesadilla de los corruptos e inestables dictadores árabes.[7] Sus regímenes se sustentan con poder militar y saben que no pueden justificar sus ejércitos sin un enemigo. Sin los judíos, a quienes culparán por su pobreza, analfabetismo y falta de privilegios democráticos, sus respectivas poblaciones se sublevarían tal como hicieron los pueblos de Europa oriental y la fallecida Unión Soviética.

El reverendo Franklin Graham, quien oró en la inauguración del Presidente Bush y en servicio memorial del 14 de septiembre que tomo lugar en Washington, escribió lo siguiente en su libro *"El Nombre"*: "Los Estados Unidos se encuentran envueltos en una guerra contra el terrorismo, sin embargo esta guerra es muy diferente a las que antes hemos librado. No luchamos para detener a Hitler o los comunistas ateos… Quienes atacaron a los Estados Unidos invocan el nombre de su dios, Ala".

El islamismo radical ha dado luz a un arma que realmente menosprecia la vida humana: el terrorista suicida. Sin embargo, estos lucirán insignificantes en comparación a las armas de destrucción masiva que se preparan en Irak y en otros estados islámicos radicales. Estas armas tienen como fin inmediato la destrucción de Israel, pero su verdadero blanco es al mayor ejemplo de democracia del mundo.[8]

Ya los críticos no sonríen sarcásticamente. Los eventos del 11 de septiembre no permiten que las manifestaciones del wahabismo Saudita sean vistas con benignidad. Un ejemplo inocente fue el caso de dos príncipes Sauditas que acompañaron a los astronautas de la NASA en un vuelo de su trasbordador hace una década. Su misión era la de poder dar testimonio, ante una corte religiosa Wahabi, de que la tierra no es plana.[9] Los Wahabi sauditas han librado una campaña dedicada y consistente para transformar al Islam de una religión a una ideología política totalitaria.

El Islam fundamentalista será el obstáculo más grande de la democratización de Irak. El 60 por ciento de la población iraquí es shiita. Bajo el régimen de Hussein los shiitas intentaron formar un estado islámico. Hussein respondió con asesinatos, arrestos y un fuerte control sobre sus libertades.

No les permitió hacer peregrinaciones a sus ciudades sagradas de Karbala y Najaf para la observación de Ashura, un festival en el cual hombres usan cadenas para darse latigazos. Estos ritos se hacen como expresión de luto por la pérdida del líder de su secta. Estos creen que Hussein era el nieto de Mahoma. Mahoma fue asesinado por rivales en Karbala en el año 1680.

Los cleros islámicos ya predican una adherencia estricta al Shairah que no es mas que un código legal basado en el Coran. En sus mentes la democracia es una amenaza al Islam y un invento de los infieles. Esa es la razón por la cual, con la excepción de Israel, no hay democracias en el medio oriente y también la causa por la cual luego de liberar a Afganistán de los soviéticos ésta empeoró bajo una teocracia fundamentalista que asumió el control.

El clero shiita de Irak ya están demandando por un estado islámico... un estado donde el Corán determina lo bueno y malo, y no los infieles... un estado en el cual las jovencitas son circuncidadas y las mujeres no pueden ejercer el sufragio ni conducir un automóvil... un estado en el cual la televisión y el dominó no se permite.

En sus mentes, están en una misión divina de parte de Dios para "aprovechar el momento" y restaurar el orgullo a sus pueblos humillados. Los cleros creen que el Islam, la única religión de Alá, fue dada a Adán, quien fue el primer profeta de Alá. Creen que es la religión de todo profeta verdadero enviado por Ala a la humanidad. De acuerdo al Islam "Abraham no era judío ni cristiano sino un Musulmán recto" (soorah Aal'imraan 3:67).

Los Estados Unidos se enorgullece de su libertad de cultos y en la separación de la iglesia y el estado. A los ojos de los cleros shiitas eso es blasfemia. A los ojos de Ala, la iglesia y el estado son Islam. La libertad de cultos no debe ser tolerada. Toda religión debe someterse ante la "verdadera religión (Islam)". Esa es la razón por la cual el estado moderado de Arabia Saudita no permite iglesias. Los estados islámicos del Medio Oriente y del mundo intentarán lograr una revolución islámica en Irak. Si no lo logran por vía de la bala, lo harán con el voto pero no aceptarán de ninguna manera un estado secular. Esto sería tan atroz como la guerra contra Irak a los ojos del "Ministro de MALinformacion" del depuesto régimen de Saddam Hussein.

Habrá un llamado para una nueva "Operación Libertad Iraquí", con los fundamentalistas islámicos luchando para controlar la mente y los cuerpos de los ciudadanos iraquíes. Recuerde, los Talibanes eran wahabistas, como también los terroristas suicidas del 11 de septiembre, y Osama bin Ladden.

Los cleros wahabistas fluirán hacia Irak con más rapidez que el petróleo. Recibirán financiamiento de los estados islámicos, y ¿porqué no? Si la democracia se impone, las afrentas comenzarán y el "jueguito" de vivir como reyes terminará. El clero shiita está tan determinado en fundar un estado islámico en Irak como lo estuvieron sus hermanos en Irán. ¡Nada debe detener sus sueños! Esto será un gran problema para los Estados Unidos.

Escribí un articulo para el diario *The Wall Street Journal* que se titulaba "¡Donde está el agravio!" Trataba sobre árabes asesinados por la OLP por vender sus propiedades a los habitantes de los asentamientos judíos. Han pasado seis años y nada ha cambiado. Los palestinos siguen siendo los peones de la OLP.

La "Espada del Petróleo"

Hoy Arabia Saudita y sus familias gobernantes son magnates financieros internacionales. En 1973 Arabia Saudita, como la nación de mayor producción petrolera miembro de la OPEP (la Unión Soviética es la mayor productora mundial pero no estaba afiliada a la OPEP), desenvainó su espada de petróleo. Han usado esta espada para ir controlando al occidente por décadas. Con los ingresos recibidos por el petróleo han logrado mejorar el estándar de vida, y también le ha otorgado una fuerza incongruente tomando en cuenta que es un reino desértico con una población de apenas 10.4 millones de habitantes. Los Sauditas han usado su riqueza para expandir sus creencias y crear "círculos" de poder en todo el mundo. El 11 de septiembre Estados Unidos descubrió que Arabia Saudita a pesar de promoverse como un estado islámico moderado, en realidad son inmoderados cuando se trata de ayudar a los estados árabes y los grupos terroristas.

La gran paradoja del wahabismo saudita es que a pesar de ser un producto de producción domestica se prepara exclusivamente para exportación a algunos lugares claves del mundo. Muchos alumnos graduados de la universidad de Medina fueron becados y ahora están en mezquitas y centros islámicos de todo el mundo exponiendo las doctrinas wahabistas. Esta doctrina, inclusive niega practicas tradicionales que han sido pasadas de padres a hijos por más de mil cuatrocientos años.

Los verdaderos creyentes del wahabismo, que son exportados por Arabia Saudita, están enseñando que el Islam que se ha practicado por mil cuatrocientos años estuvo equivocado. La razón por la cual los sauditas sólo promueven el wahabismo fuera de sus fronteras de la Península Arábiga tiene que ver con la auto preservación. Esta es la razón por la cual exiliaron a Osama bin Ladden y por la cual se refugiaba en Afganistán. No hay que tener mucha imaginación para saber lo que le ocurriría a la familia real si un grupo como el Talibán se apoderara de Arabia Saudita.

La exportación del wahabismo tampoco es aleatorio. Sus centros principales son Pakistán, Afganistán, Albania, Algeria, Daghestán, Tajikistán y Uzbekistán. Con la excepción de Albania, que es geográficamente importante porque une el oriente con el occidente, y son "rutas petroleras" que compiten con el Golfo Pérsico.

Al principio lucía que esta campaña tendría éxito. Los sauditas, para combatir el comunismo ateo, ayudaron a crear una nueva fuerza en Afganistán – los Talibanes. La milicia Talibana retomó el ochenta por ciento de las tierras de la nación y lograron temporalmente imponer una estabilidad en la región. A la vez, ayudaron a reducir la influencia de los antagonistas estadounidenses, Rusia e Irán, en las fronteras de Asia Central que eran ricas en petróleo y gas natural.

Algunas de las prácticas de los Talibanes eran imágenes perturbadoras de cuanto se habían distorsionado las enseñanzas islámicas que habían sido impuestas por esta dictadura fanática. En ningún lugar del Corán o de la Sunna (enseñanzas y prácticas del profeta Mahoma) se establece que las mujeres deben cubrir sus rostros o sus manos, o que las mujeres no pueden trabajar, ni que las barbas deben ser largas, ni que un hombre pueda ser golpeado por no orar públicamente, o que las mujeres deban estar encerradas en sus casas. El jihad no es otra cosa que el peor tipo de asesinato, sin importar cuales sean sus creencias o religión. Las enseñanzas han regresado con un efecto de bumerán para amenazar la paz mundial y los intereses de toda nación islámica que busca el progreso de sus ciudadanos.

Las doctrinas wahabita sobre el martirio multiplica el odio que engendra y lo lleva a niveles inimaginables, y esta es la mentalidad que el occidente no logra comprender. Quizá podemos entender la supuesta promesa de este sacrificio propio por el cual recibirán vida eterna, una corona de gloria ante Alá, 72 vírgenes como concubinas y su sangre santa propiciará los pecados de 70 de sus familiares exonerándoles los tormentos de un infierno. Si en el occidente llegáramos a entender todo esto, ¿lo haríamos? Personalmente creo que no. Lo que no entendemos es el proceso de adoctrinamiento, las mentiras que estos peones reciben de sus maestros desde muy temprana edad. Las mentiras y las falsas promesas son reforzadas por sus padres y parientes. Día tras día las promesas de felicidad y de éxtasis supremo, que experimentarán al momento que la explosión los mate a ellos y a todos los que le rodean. La forma que se les explica parece más como un deporte extremo que lo que es en realidad: un asesinato y un boleto de ida, sin retorno, al mismo infierno que le prometieron escapar.[10]

A pesar de la amenaza política que el wahabismo ha ostentado, acentuado por los Talibanes al darle refugio a bin Ladden y sus seguidores, proveyéndoles refugio en Afganistán, sumado al odio y la disposición de asesinar indiscriminadamente sin importar el precio a pagar, se ve claramente en las atrocidades cometidas por Hamás y la Jihad Islámica contra Israel; y esto es sólo mencionar dos de las organizaciones que reciben apoyo de los sauditas.

> *...parece más como un deporte extremo que lo que es en realidad: un asesinato...*

Desde el 11 de septiembre la mayor parte del mundo, que no es islámico, ha observado como los fundamentalistas islámicos han tomado al mundo de rehén con la maniobra diabólica del terror, la dogma y la disposición de matar o ser inmolados. Esta amenaza se recibe con mayor intensidad por los estadounidenses quienes temen, con razón, que las fuerzas del mal representadas en bin Ladden están listas para atacar, quizás con mas fuerza que en el pasado. Este "culto de los terroristas suicidas" le ha robado el rostro a la guerra y se lo ha colocado a la persona sentado junto a usted en un autobús. Han convertido nuestras vidas cotidianas en pasillos de temor. La sensación de poder ser sorprendidos en cualquier momento y en cualquier lugar puede hacernos más daño que si tomaran un arma de fuego y nos dispararan.

El poder de los petrodólares

Arabia Saudita no es la única nación que usa sus petrodólares como palanca en asuntos mundiales. Petrodólares, el nombre dado al pago de las naciones occidentales a los productores de petróleo, permitieron la caída del Shah de Irán. El Shah quería que Irán, la Persia bíblica, fuera la Suiza del Medio Oriente. Él quería modernizar a una nación donde los habitantes vivían tal como sus padres en los tiempos bíblicos. El plan del Shah fracasó cuando los fundamentalistas islámicos le quitaron el poder. La caída del Shah facilitó el asenso de Khomeini, esto fue un verdadero desastre para el Medio Oriente y los Estados Unidos. La Hermandad Musulmana de Irán exportó su revolución, y sus creencias fundamentalista junto a sus métodos a Palestina. La islamización de la población árabe en Israel trastornó la mente de toda una generación, convenciéndoles de que el martirio es mayor gloria que negociar una la paz.

Los petrodólares han lastimado a las naciones musulmanas en la misma medida que las ha ayudado. La guerra en Irak ¿se trata del petróleo? Claro que sí. Tal como me dijo Arel "el petróleo compra más que tiendas para vivir en el desierto". Si tomar los activos de los terroristas es una forma de detenerlos, ¡cuánto más sería el tomar la fuente que proveyó esos activos! Irak está en segundo lugar detrás de Arabia Saudita en reservas petroleras. Proveerle al mundo un acceso más libre a ese activo podría resultar en debilitar la mano de la OPEP que tiene al mundo sujetado por el cuello, y también reducir los petrodólares que pudieran almacenar para seguir alimentar al terrorismo. Un déspota o un dictador puede ser ignorado, pero no uno con miles de millones de petrodólares para exportar y fortalecer al terrorismo.[11] Estos dictadores están asustados, la mayoría de sus países son nada mas que corporaciones familiares que gobiernan por la bala y no por el voto. Su peor temor es la democracia y perder control de los estados que están a favor de los terroristas, los miembros de la OPEP, y los miles de miles de millones de dólares que perderían si la válvula del petróleo en Irak se abriera completamente. Ellos bien saben que el Presidente Ronald Regan venció al comunismo con tácticas económicas similares a un bombardero antirradar. También saben que ese mismo bombardero ya ha alzado su vuelo. Esta es la primera vez que alguien en la región no está dispuesto a usar el oro negro para financiar el terrorismo, y puede vencer a los demás vecinos con su propia arma. El último bastión de los dictadores podría mover su pieza en el juego de ajedrez a favor de Europa oriental y la antigua Unión Socialista Soviética, si decide apoyar al terrorismo.

Las dos armas principales que financian la guerra islámica contra Israel y el occidente son: la caja fuerte y la válvula petrolera. Cada semana que pasa las naciones occidentales están más y más a la merced de la liga Árabe a causa de los petrodólares que tienen guardados y el control que poseen para cortar el flujo de petróleo. Estamos viendo evolucionar una clase de Jihad que podría llamarse un "econo-conflicto". Como señalo un analista: "lo que los árabes no pudieron hacer con sus tanques y tropas, están reintentando en los salones de negociaciones. Su batalla contra Israel continúa, sin disparar un solo tiro, sino presionando a sus aliados".

Un Poco de Historia

La organización de países exportadores de petróleo – OPEP – se crea en Bagdad entre los días 10-14 de septiembre de 1960. la OPEP se transformó en una de las fuerzas más poderosas del mundo por dos eventos: los dos embargos petroleros que realizaron al occidente.

El primero ocurrió en 1973 cuando la OPEP desencadenó un embargo del petróleo árabe, a través del cual los estados árabes juraron conducir a Israel al mar. Le dijeron a los árabes residentes en Israel que pelearan o se fueran y que después de la derrota de Israel podrían regresar. Esta fue la chispa que encendió la crisis Palestina. Luego atacaron a Israel y perdieron.

El segundo se produjo en 1978 al inicio de la revolución iraní. Los precios del petróleo se incrementaron de tal forma que los estados petroleros árabes se transformaron en verdaderas potencias políticas y económicas de la era moderna. También fue el inicio del financiamiento secreto de organizaciones terroristas.

Personalmente tengo la convicción de que los dias de extorsión de la OPEP han terminado, juntamente con su habilidad de usar el oro negro para financiar el terrorismo gracias a un Presidente valiente llamado George W. Bush.

Sin embargo el mundo islámico aún quiere ver a Israel y al occidente de rodillas ya sea por la espada o con los músculos económicos. Lo que no puedan lograr con fuerza militar o con terrorismo lo intentarán con la manipulación y la extorsión. Esta extorsión es la que Israel ha estado resistiendo, y que ahora está tentando al occidente. Sin importar lo que el nuevo orden mundial le ofrezca a los Estados Unidos para disociarse de Israel, la Biblia dice que Dios bendecirá los que bendicen a Israel. ¿Bendecirá Dios a los Estados Unidos? La respuesta dependerá si apoyaremos a Israel o nos disociaremos de el. ¡Dios no falla sus promesas!

Llamas al rojo vivo

A modo de repaso, hay tres razones principales por las cuales las llamas del jihad islámico arden tan intensamente en nuestros tiempos, y por lo cual el wahabismo ha encontrado tierra tan fértil para sembrar el odio y el terrorismo:

1. El mundo islámico resiente la preeminencia del mundo occidental. En un momento el mundo islámico árabe fue el centro de la cultura y la ciencia, en siglos recientes quedaron rezagados.
2. El mundo islámico resiente el renacimiento de Israel, probablemente sea el evento que haya producido alguna semblanza de unidad entre el mundo islámico. Los musulmanes odian al estado judío. Los participantes de jihad dicen que no detendrán su lucha hasta que Israel "desaparezca". Sin un enemigo a quien culpar por sus males, sólo quedan los dictadores para asumir la responsabilidad.

3. La "espada de petrodólares" islámica. Los petrodólares han revelado la mala voluntad de los estados árabes petroleros. Lo que el mundo islámico no pueda lograr con fuerzas militar lo harán con palancas económicas. Mientras el petróleo sea el combustible de mayor importancia global los productores islámicos seguirán llenando sus cajas fuertes con más petrodólares. Los musulmanes intentarán manipular al occidente para abandonar a Israel. Usaran sus petrodólares para financiar un jihad en contra de Israel y el occidente. Lo que el occidente paga por una bomba dirigida por láser, cubre el costo de cientos si no miles de terroristas suicidas.

Los que gobiernan han aprendido mucho a través de los siglos de jihad. Entre esas lecciones está proteger sus propios intereses mientras manipulan a otros, como peones, a tomar los riesgos que perpetúan su poder. El conflicto directo y personal es la única forma de conquista, pero si puedo lograr que mi hermano pelee por mi mucho mejor. Yo le abriré el camino y le proveeré sus armas.

Los wahabis sauditas se han hecho maestros en una nueva forma de jihad: el jihad en salón de negociaciones. Han criado un culto suicida que usa al Islam contemporáneo como un Caballo de Troya. Con una mano venden petróleo a sus enemigos como si fuesen amigos, mientras usan ese mismo dinero, y con la otra mano, se lo pasan a los terroristas para que asesinen a sus enemigos o usarlo para avanzar sus metas. De esta forma evitan la punta de la lanza y el filo de la espada y mantienen sus manos limpias. A fin de cuentas, los peones derramarán sangre suficiente para todos.

"Fíate de Jehová de todo tu corazón,
y no te apoyes en tu propia prudencia.
Reconócelo en todos tus caminos
y él enderezará tus veredas".

Prov 3:5-6

6

EL FILO DE LA ESPADA:
LA ORGANIZACION PARA LA LIBERACION DE PALESTINA

"Hitler primero asesinó a los judíos y luego a los cristianos. Nuestra cultura y nuestras democracias son la raíz de la ira [de los terroristas]. Si tenemos razón, entonces ellos están equivocados".

Isser Harel
Fundador de la Mossad, Agencia de Inteligencia Israel, Mossad[1]

Aunque a la mayoría de los árabes les gustaría eliminar a Israel, ningún grupo muestra ese deseo tan abiertamente, convirtiéndose el centro de atención, como los palestinos y su organización terrorista, la OLP, dirigida por Yasser Arafat. Él es la voz tras el mantra ya conocida que proclama "tierra a cambio de paz". Su meta primaria es la formación de un estado palestino a través de la erradicación de Israel.

El Pacto Nacional de Palestina

La Organización para la Liberación de Palestina se organizó por primera vez en el Cairo en 1964 (tres años antes de la Guerra de los Seis Días de 1967) bajo los auspicios de la líga Árabe-Egipcia. Su documento oficial fue denominado *El Pacto Nacional Palestino*, ya que la palabra pacto connota mayor santidad que las palabras *estatutos o constitución*. Este documento ha sido revisado varias veces, pero aún contiene veintitrés artículos que rechazan la Declaración de Balfour (el documento de 1917 que apoyó la formación de la nación de Israel en Palestina por los judíos), la Resolución Partición de 1947 de la ONU dividía a Palestina en un estado judío y en uno árabe, y las reivindicaciones bíblicas israelíes de la tierra de Israel. Lo que es más importante, niegan el derecho judío de ser una nación y un pueblo libre.

Insisten en que toda la propiedad del territorio pertenece a los palestinos y que sólo los judíos que vivían en Palestina antes de la "Invasión Sionista" (y la mayoría de ellos datan del tiempo anterior a la Declaración de Balfour) pueden ser considerados como legítimos palestinos que tienen el derecho de permanecer. A pesar de la larga retórica, fundamentalmente, el pacto requiere la erradicación física de los judios y del Estado de Israel, para establecer un estado Palestino en lugar de Israel y Jordania.

La OLP en Jordania

Las cosas cambiaron tras la Guerra de los Seis Días en junio de 1967. Cerca del tiempo de esta guerra, el *Fatah* (el Movimiento para la Liberación Nacional de Palestina) encabezado por Yasser Arafat, comenzó a tomar el control de la OLP. En esos días, Arafat mantuvo su base de operaciones en Jordania, tal como lo habían hecho sus predecesores de la OLP. El Rey Hussein los había acogido calurosamente, pero ellos correspondieron a su acogida con intriga y traición dentro de la misma Jordania. Invitaron a los Beduinos a unirse a sus filas y oponerse al Rey. Levantaron barricadas para hostigar a los ciudadanos y cobrarles tarifas, aterrorizaron a los palestinos dentro de las fronteras de Israel para que los aceptaran como los líderes para la liberación de Palestina. Note que la OLP dice representar a los palestinos, pero de hecho, no lo hace. El mayor porcentaje de los palestinos son ciudadanos jordanos, no israelíes. Cuando Jordania atacó a Jerusalén estos salieron. La OLP se nombró *a sí misma* para este fin. Nunca se celebraron elecciones entre los palestinos para establecer un cuerpo que los representara ante el mundo. Los primeros nombramientos originales fueron hechos por los representantes de la liga Árabe, y ninguno de estos representantes fueron establecidos democráticamente. La OLP siguió probando la paciencia del Rey Hussein (¡y de su pueblo!) mientras disfrutaba del refugio de Jordania. Casi establecieron una capital rival en Karamah, a varias millas del Puente Allenby, sobre el río Jordán. Desde allí intercambiaron fuego de artillería con los israelíes. Temiendo la represalia de Israelí, el Rey Hussein intentó detenerlos pero fue en vano. La OLP lo ignoró.

Los israelíes contraatacan

En 1968 los israelíes finalmente contraatacaron, advirtiendo a los civiles que evacuaran Karamah. Eso alertó al Rey Hussein, quien despachó 48 tanques, once baterías de artillería y dos brigadas de infantería, pero no fue hasta que los israelíes llegaron a Karamah. Hubo cerca de 320 members de la OLP involucrados. Los israelíes rodearon y destruyeron las instalaciones de *al-Fatah*, matando cerca de 200 terroristas y se llevaron a los restantes 120 como prisioneros. Pero, a medida que se retiraban de Karamah, se toparon con tropas jordanas y la batalla continuó. Veintiséis israelíes resultaron muertos y 70 heridos en el combate. También perdieron un número considerable de vehículos blindados. Arafat escapó a la población de Salt en motocicleta, por lo cual al-Fatah declaró una gran victoria en Radio Amán, con sus correspondientes bailes en las calles de la ciudad.

Los terroristas decidieron quedarse en Amán, y el Rey Hussein se vio con grandes problemas; estos recorrían las calles de la ciudad ostentando sus armas y desafiando a la policía local. Amán se convirtió en un escenario de anarquía.

La toma de rehenes

Finalmente, en junio de 1970, el Rey Hussein ordenó a sus tropas que expulsaran a la OLP de la ciudad, o a los Fedayeen (los que se sacrifican a sí mismos) como les gusta llamarse. En la sangrienta lucha que siguió, los terroristas asesinaron al Mayor R. J. Perry, agregado militar de la Embajada de los Estados Unidos en Amán. Luego ocuparon dos hoteles, el Intercontinental y el Philadelphia tomando como rehenes a 32 huéspedes de los Estados Unidos y de Europa.

George Habash, Secretario General del Frente Popular para la Liberación de Palestina (FPLP), que entonces también era parte de la OLP, anunció que matarían a los rehenes y harían estallar los hoteles si las tropas jordanas no se retiraban. Habash y Naif Hawatmeh, el líder de otro subgrupo de la OLP, el Frente Democrático para la Liberación de Palestina (FDLP) recibieron financiamiento de los soviéticos. Podían darse el lujo de atacar a un jefe de estado árabe. Como el dinero de Arafat venía de los árabes, trató de ser más conciliador. Sin embargo, la furia de la confrontación llevó a Arafat cada vez más hacia Habash y Hawatmeh.[2] (Arafat es el gran éxito de taquilla del Medio Oriente. En vez de pagar unos cuantos dólares para ver un video, se le pagan millones. Nada exacerba más a las masas que ver destruir una casa árabe. Por supuesto, a nadie le han dicho todavía que las casas demolidas eran escondites de los terroristas que colocaban bombas para matar a los judíos.)

El 12 de junio de 1970 Hussein se retiró tras otro de los discursos de Habash en el cual amenazaba con matar a los rehenes. Después de eso las cosas estuvieron tranquilas, pero tensas. Entonces, en septiembre la violencia se reanudó, cuando los hombres de Habash secuestraron dos jumbo jets (aviones de Swiss Air y de TWA) y los llevaron a Dawson Field en Jordania. Tres días más tarde, el 9 de septiembre, secuestraron un jet de la British Overseas Airways Corporation y lo llevaron a Dawson también.

En total tenían a 445 rehenes a quienes amenazaban hacer explotar en los aviones a menos que los terroristas prisioneros en Israel y Europa fuesen liberados dentro de siete días. Para el 12 de septiembre, todos, excepto 54 de los rehenes habían sido liberados. Arafat, hablando para el Comité Central de la OLP, apoyó las exigencias del FPLP de Habash.

Finalmente, el 16 de septiembre, Hussein anunció a través de Radio Amán un gobierno militar para restablecer el orden en su agitado país. Al otro día, lanzó una operación a gran escala con la Legión Beduina árabe en contra de la OLP. Los tanques destruyeron todos los edificios de Amán de los cuales se originaban disparos. Antes de que Hussein terminara con la redada, habían matado a unos 3,000 terroristas palestinos y quebrado el poder de la OLP en Jordania.

La acción de Hussein provocó una reacción inmediata del vecino del norte de Jordania, Siria. Una gran cantidad de soldados y equipos penetraron la frontera para reforzar a los terroristas. El 18 de septiembre los comandos sirios atacaron y capturaron dos aldeas en la frontera de jordania, y Hussein se endureció para una guerra total contra Siria, la cual le aventajaba mucho numéricamente en tanques y aviones. Israel y los Estados Unidos movilizaron sus fuerzas, avisándole a Siria que si lanzaba una invasión a gran escala, se encontraría con más que tropas jordanas. Funcionó. Siria se refrenó y los jordanos pudieron sacar a la OLP de su país.

El Líbano: Un microcosmo de la Guerra "Santa"

Desde Jordania, la OLP siguió hacia el Líbano, la única nación árabe con una población cristiana considerable (ortodoxa Siria y católica). Cuando los franceses terminaron su control sobre Siria y el Líbano en 1946, la mayoría cristiana del Líbano logró un arreglo equilibrado de forma delicada con la minoría musulmana bajo una constitución democrática. Los resultados fueron bastaste positivos, y Beirut se convirtió en un centro comercial, animado y próspero, cuyos ciudadanos disfrutaban del ingreso per cápita más alto del Medio Oriente.

Cuando los árabes palestinos huyeron de Israel durante la guerra de 1948, varios miles fueron aceptados en el Líbano, con precaución que no se alterara considerablemente el equilibrio cristiano-musulmán de la población. Alterar ese equilibrio siempre fue un asunto de gran preocupación, sobre todo para los cristianos, quienes tenían más que perder. Bajo el gobierno Francés, se sentían más protegidos de la persecución musulmana, y estaban renuentes a que se fueran. Mientras tanto, los musulmanes libaneses abogaban por la unificación con Siria, que es musulmana. No tomaron mucho en cuenta el pasado pre-islámico del Líbano, los días de los fenicios, y la enorme riqueza de Tiro y de Sidón. Para ellos, la historia comenzó con la del Islam cerca del 632 a.C., así que la tensión aumentaba bajo la superficie.

Los palestinos decidieron alterar el equilibrio cristiano/musulmán del Líbano, los cual hicieron en gran desproporción. Esto sucedió porque los agentes de la OLP trabajaron activamente en los campos de refugiados y establecieron bases dentro de ellos para lanzar ataques terroristas contra Israel.

El gobierno libanés se vio ante un dilema: sacar a la OLP enfadaría a la población musulmana, pero permitirles quedarse enfurecería a los cristianos. Por lo tanto, el Primer Ministro libanés negó en público su existencia y negoció con Arafat para limitar las incursiones a Israel para no provocar represalias israelíes. Sin embargo, este arreglo sólo resultó por un breve tiempo, hasta que la OLP en el Líbano requisó un avión de pasajeros de El Al airliner. En seguida los israelíes enviaron aviones caza al aeropuerto de Beirut, donde destruyeron aviones de pasajeros árabes en tierra. Mientras el Líbano estaba en desconcierto, sus vecinos musulmanes ejercieron presión para asegurarle a la OLP el derecho exclusivo de supervisar y patrullar los campos de refugiados al sur del Líbano. Además, se persuadió a los libaneses a liberar a los terroristas de la OLP a quienes habían encarcelado por sus actividades subversivas contra el gobierno libanés.

En consecuencia, resurgió el terrorismo dentro de las fronteras del Líbano. El 15 de noviembre de 1970, para citar sólo un ejemplo, unos terroristas rodearon una casa, aparentemente al azar, en la población de Aitarun. Estaba ocupada por Mahmoud

Faiz Murad, su esposa con un embarazo de nueve meses, y su padre. Los tres fueron abatidos a tiros a sangre fría cuando se opusieron a los intentos de los terroristas de sacarlos por la fuerza. La comunidad musulmana libanesa se puso de parte de la OLP y en 1975 la guerra civil estalló en ese país entre los cristianos y los musulmanes. Varios voceros expresaron los temores de los cristianos. El Dr. Albert M'khebar, miembro del parlamento, declaró "Renunciaré a mi ciudadanía libanesa, obtendré la israelí e iré por todo el mundo proclamando mi apostasía de los árabes y el nacionalismo árabe si su verdadera naturaleza es lo que vemos en el Líbano".[3]

Raymond Edde, dirigente del Partido Bloque Nacional cristiano en el parlamento, se quejó "El mundo occidental ya no le importa la defensa de los cristianos en el Líbano".[4] La revista Time publicó la siguiente declaración de Elis Marvun, de Beirut:

"Ahora entiendo por qué Israel se opone a la propuesta de una 'Palestina democrática', en la cual los israelíes y los palestinos vivirían juntos. El ejemplo sobresaliente que está dando el pueblo palestino es, en mi opinión, más que suficiente para advertirle a Israel sobre tal trampa... soy un ciudadano libanés cuyo hermano y dos primos fueron baleados fríamente por los palestinos en sus casas en un estilo hitleriano. Ya veo el día en que para sobrevivir, nuestro pueblo tendrá que unirse a Israel".[5]

A medida que se intensificó la lucha entre los musulmanes y los cristianos, el presidente del Líbano, Suleiman Franjieh, anunció públicamente lo siguiente acerca de los palestinos:

"Los libaneses le habían dado refugio, y la paga que nos dieron fue la destrucción del Líbano y la masacre de su pueblo. He servido a la causa Palestina por treinta años. Nunca pensé que llegaría el día en el que le pediría a Dios perdón por mis pecados, porque sirvo a un pueblo que no merecía que se le sirviera ni apoyara".[6]

Se hicieron llamados oficiales de ayuda a los Estados Unidos y a las Naciones Unidas, pero ambos siguieron distantes, mientras tropas del Ejército para la Liberación de Palestina, entrenadas por Siria y equipadas por los soviéticos penetraban la frontera del Líbano desde Siria. Iban acompañados por tropas sirias regulares. El resultado neto fue prácticamente la toma del Líbano por Siria. Esa fue la situación que finalmente desencadenó la invasión del Líbano por Israel en 1982. Mientras tanto, en el sur del Líbano, el líder del Ejército cristiano del Líbano, el mayor Saad Haddad, estableció un enclave en el cual el pueblo libanés de la región pudiera vivir con seguridad relativa. Haddad y sus tropas se topaban a menudo con terroristas de la OLP que iban de los campos de su área hacia la frontera de Israel.

Un hombre extraordinariamente valiente

Cuando estuve en Israel, fui a ver a Haddad. Había estado en el Líbano una vez, en 1972. En ese entonces visité Beirut, una ciudad bella y pacífica. Un taxista me habló con lujo de detalles sobre cómo el Líbano era uno de los centros hoteleros más bellos del Medio Oriente. ¡Qué contraste con la devastación de hoy! Mi visita al Major Haddad se efectuó dentro del territorio israelí, en Metullah para ser exacto, a fines de septiembre de 1980. Le dije que algunos creían que Israel estaba involucrada en el terrorismo del sur del Líbano. Haddad se mostró triste y dijo "Quisiera que vinieran aquí y vieran quién controla el área. Entonces sabrán que son los terroristas de la OLP quienes establecen las reglas. El sur se ha convertido en una gran base de terroristas. Si disparamos, es para defendernos de los terroristas. Por cinco años hemos estado aislados por todos los lados, excepto al sur. La OLP quiere exterminar a nuestro pueblo, y a nadie le importa".

"¿Han capturado a muchos árabes de la OLP?", le pregunté. Los ojos de Haddad se entrecerraron con solemnidad. "¿Piensa usted que yo estoy combatiendo a los árabes en el frente de batalla? La realidad es muy distinta. Estoy combatiendo contra terroristas de todo el mundo. De Corea del Norte, Cuba, del Sur de los Estados Unidos, y hace dos meses dos checoslovacos fueron muertos en un intercambio de tiros. La OLP tiene gente de casi todos los países comunistas y de todos los países musulmanes: de Libia, de Irán y de Egipto. Esta es la OLP que su Departamento de Estado apoya. Su país, los europeos y todos los países árabes la apoyan". "¿Por qué cree que nosotros la apoyamos?", pregunté. "Le voy a decir por qué. Los terroristas están amedrentando a los países árabes ricos para que les den dinero a la OLP, tanto como ellos quieran, porque están desesperados por mantenerlos fuera de sus países. Entonces los países árabes se dan vuelta y ejercen presión sobre los Estados Unidos y Europa diciendo que la OLP es buena o algo por el estilo. "¡Pero no son buenos! Son criminales. Eche un vistazo al Líbano. Era un paraíso. Lo quemaron. Mataron a todo un país. Y quieren destruir a todo el Medio Oriente. Han dicho en varias ocasiones que consideran reaccionarios a todos los regímenes antiguos, y que van a progresar al convertirlos al comunismo. "Por eso ya no atacan a Israel desde Jordania. Tampoco se lo permiten los Sirios, a menos que usen uniformes sirios. Los jordanos los detuvieron en septiembre de 1970. De ahí se les dio el nombre de Septiembre Negro. Sólo el Líbano los deja. ¿Por qué? Porque el Líbano es un país débil, y tiene un presidente cristiano a quien la OLP quiere eliminar.

"Los cristianos del mundo deben despertarse y ayudar a sus hermanos del Líbano. Si se extermina a los cristianos del Líbano, lo mismo le pasará a todos los demás cristianos del Medio Oriente. La gran población cristiana del Líbano es lo que garantiza la seguridad de los cristianos en otros países árabes.

"Y lo que los terroristas han hecho aquí en el sur del Líbano, lo harán con las iglesias dondequiera que vayan. La gente debería ver lo que les ha pasado a las aldeas del sur del Líbano que los terroristas ocuparon. Las arruinan. Están convirtiendo a Lasherish, una de las poblaciones del sur del Líbano ocupada por la OLP, en un estercolero. Y le harían lo mismo a Jerusalén si pusieran sus manos sobre ella. Convertirían las iglesias en mezquitas". "¿Y qué hay de las fuerzas de la ONU al norte de ustedes?", pregunté. "¿Les están ayudando a preservar la paz?" "La ONU no está haciendo nada. Están sólo para impresionar. Peor aún, a veces cubren a la OLP. El área a la cual se desplazaron las tropas de la ONU había estado libre de la OLP, pero ya no lo está. La OLP llegó, y establecieron campos dentro del área de la ONU, desde los cuales llevan a cabo acciones terroristas. "Vinieron desde allá a una de las aldeas y plantaron minas. Cuatro personas fueron asesinadas en esa aldea. Y anoche, justo a las ocho, lanzaron cohetes desde Dar Amish, que queda en el área de la ONU. Si confiáramos en las fuerzas de la ONU para que nos protegieran, todos estaríamos muertos. Tenemos que contar con nosotros mismos".

"¿Y qué hay de Israel?", pregunté.

"Es el único país al que le importamos. Sin Israel, hace tiempo, que habríamos sido exterminados. Cuatro de las principales poblaciones cristianas fueron prácticamente borradas del mapa por los terroristas. En El Damour hubo una masacre terrible. Pusieron a los niños en fila y los asesinaron a todos. ¿Puede imaginarse algo así? No estamos listos para enfrentar eso. No les debe ocurrir a nuestros hijos ni a nuestras familias. Por eso es que estamos tan agradecidos de Israel".

Se suponen que sean nuestro enemigo, pero nos están ayudando".

¡Tierra por la paz!

Fue alrededor de 1969 y 1973 que la CIA creó un vínculo secreto con la OLP, con la esperanza que dejaran de asesinar diplomáticos y personal militar de los Estados Unidos en el extranjero. Este peligroso vínculo continuó en tanto de forma oficial y no oficial hasta 1988 cuando comenzaron las negociaciones con la OLP y Arafat pronunciara las palabras mágicas "Censuro el terrorismo".

La siniestra alianza se inició en 1969, cuando Robert C. Ames, un agente norteamericano de la CIA, hizo contacto por primera vez, con Ali Asan Salameh, fundador de la guardia de seguridad de Arafat, la Fuerza 17. El 3 de noviembre de 1973, el subdirector de la CIA, Vernon Walters, se reunió de manera oficial con Salameh para elaborar un acuerdo con la OLP. Los términos del acuerdo fueron que la OLP no asesinaría a más diplomáticos estadounidenses, y a cambio, los Estados Unidos reconocería con el tiempo los "derechos de los palestinos a tener una patria". En otras palabras, se realizó el primer acuerdo de "tierra por la paz", prometiéndole la tierra de Israel a los palestinos sin consultar con Israel. Pasó otra década hasta que el *Wall Street Journal* publicó un artículo sobre el acuerdo entre la C.I.A. y la OLP y trayéndolo por primera vez a la atención de la opinión pública de los Estados Unidos.[7]

"Pero Arafat parece tan sincero"

Uno de los mejores trucos del siglo 20 fue la transformación de Arafat de un demonio a un diplomático ante la opinión pública ¡y los Estados Unidos fueron quienes lo lograron! El presidente Clinton cortejó a Arafat más que a cualquier visitante extranjero. De hecho, los Estados Unidos casi compraron y pagaron la filosofía de Arafat de "tierra por la paz". Sin embargo, a pesar del cambio de la opinión pública, Arafat y sus métodos nunca cambiaron. Una investigación ligera le demostrará que Arafat continúa siendo un terrorista desde el tiempo en que adquirió el control de Fatah hasta hoy, y que a menudo personalmente ordenó los ataques, mientras que en público denunciaba al terrorismo y desviaba la culpa a grupos rebeldes radicales que actuaban por su propia iniciativa. Hay muchos ejemplos en los cuales Arafat reveló su verdadero carácter terrorista, pero sólo les voy a dejar con este.

El 12 de febrero de 1986, cuarenta y siete senadores enviaron una carta al Departamento de Justicia de los Estados Unidos exigiendo el procesamiento de Yasser Arafat por los brutales asesinatos del Embajador Cleo Noel y al *Secretario del Exterior*, C. Curtis Moore en Jartum, Sudán.[8] Todavía no se ha hecho nada, pero no hay estatuto sobre el límite del crimen. Una evidencia escalofriante que incrimina a Arafat es una cinta de audio suya dando instrucciones para que los diplomáticos de los Estados Unidos fueran asesinados. El congresista de Virgina, Eric Cantor, señaló que el Departamento de Estado seguía en posesión de esta cinta de audio.[9]

Si Yasser Arafat es tan sincero con respecto a terminar con el terrorismo como él dice, hay varias cosas que debe hacer antes de entregarse por asesinato:

1. Un fin oficial a la intifada (el levantamiento palestino contra Israel) que ha sido el caldo de cultivo para alentar el terrorismo;

2. terminar con la enseñanza del "glorioso" martirio en los territorios;

3. comprometerse oficialmente a respetar las peticiones de extradición de todos los terroristas que hayan asesinado a estadounidenses y a otros extranjeros, incluyendo a los israelíes;

4. desmantelar todas las organizaciones terroristas, incluyendo la expulsión de Hamas y de Jihad Islámica, dos grupos que figuran en la lista negra de los Estados Unidos de los terroristas, de su gabinete.

Si se une el monitoreo de los Estados Unidos e Israel en un programa razonable, es posible lograr la paz. Sin embargo, sin este intento real de desmantelar el terror, definitivamente, Arafat y la OLP seguirán siendo, en el mejor de los casos, un obstáculo para la paz, y en el peor de ellos, una justificación desquiciada del terrorismo al mundo islámico.

¿Por qué discutir sobre la OLP en un libro sobre los Estados Unidos e Irak? Tome en cuenta el hecho que mientras los Estados Unidos están en guerra contra el terrorismo, al mismo tiempo,

¡nuestro gobierno está ejerciendo presión para que haya un estado palestino para estos terroristas! La OLP es un grupo que lo único que ha hecho es aterrorizar a nuestro amigo y aliado Israel tras una farsa de democracia. Recuerden que las actividades terroristas de la OLP no sólo han afectado a Israel, sino a todo el mundo. El candidato presidencial demócrata Robert F. Kennedy fue baleado a quemarropa por el terrorista palestino Sirhan B. Sirhan el 5 de junio de 1968. Kennedy murió al día siguiente. El presidente Bush no negociaría con el gobierno terrorista Talibán, ¿por qué habría de negociar Israel con los terroristas de la OLP mientras estos bailan en las calles al matar norteamericanos en Irak, y envían los bombarderos suicidas de la OLP a Bagdad a través de Siria? ¿Qué tiene la OLP que ver con Irak? Los medios de comunicación anti-norteamericanos y antisemitas y sus ministros de desinformación han convencido a sus masas de que los Estados Unidos son el Khmer Rouge y Bagdad el campo de exterminio.

¡Nunca hubo un tiempo más importante para la claridad moral y para que la gente temerosa de Dios de todas partes se levante! Si los Estados Unidos escogen estar del lado de los mismos terroristas que decimos que queremos eliminar, no podemos hacer otra cosa sino esperar más ataques dentro de nuestras fronteras en una magnitud cada vez más intensa, una garantía segura de que la guerra contra el terrorismo será una muy larga y un prolongado paseo al lomo del tigre terrorista.

"Por amor de Sión no callaré, por amor de Jerusalén
no descansaré, hasta que salga como resplandor su justicia,
y su salvación se encienda como una antorcha".

Isaías 62:1

7
UNA HISTORIA SANGRIENTA; UN FUTURO SANGRIENTO

"Mi hermano y yo pelearemos contra nuestro primo, mi primo y yo pelearemos contra un extraño"

Dicho árabe

El carnicero de Bagdad, los abusadores islámicos iraquíes, los terroristas sirios afrentosos, validan una manifestación malévola de una religión concebida en el mismo seno del infierno. Cada ciudadano del occidente reconoce al menos uno de los diabólicos apodos arriba mencionados. El acrónimo OPEP deja un sabor amargo en las bocas del occidente y es un recordatorio constante de nuestra dependencia petrolera del mundo islámico. Leemos a diario sobre el mundo islámico en nuestros periódicos y reconocemos la interacción de nuestros respectivos mundos, pero no logramos entender que el Islam es mucho más que una religión. Es un sistema que abarca todo. Es un código y patrón de vida incluyendo asuntos políticos, económicos y legales. Es la religión que amenaza la sobre vivencia de la sociedad libre. El 11 de septiembre verdaderamente fue una llamada despertadora del infierno.

Uno de nuestros grandes errores es ver a las naciones islámicas como si estuvieran unificadas. Su guerra santa no se limita a ataques indiscriminados contra Israel y los Estados Unidos. Los 44 estados islámicos mantienen el lazo común del islamismo pero las similitudes religiosas no equivalen a amistad y confianza.

Irán e Irak

Irán e Irak nos presentan un buen ejemplo, no sólo son rivales el uno con otro, sino que se odian con verdadera pasión. La guerra Irán-Irak de los años 1980-1988 dejó aproximadamente a 500,000 iraníes muertos o heridos y 300,000 iraquíes en igual condición. Muchas de las bajas iraníes fueron adolescentes que fallecieron como mártires en tácticas de "oleaje humano" enfrentando a soldados iraquíes entrincherados. Todo soldado iraní que marcha a la guerra lleva consigo la "llave de entrada al cielo" amarrada a su cuello, garantizando así su entrada automática al éxtasis islámico si mueren en la batalla. Niños entraban a campos minados atados uno al otro por la mano, con llaves alrededor de sus cuellos y con un sello rojo, el reconocimiento de su condición de mártir, en sus ropas.

El Ayatolá Ruholla Khomeini llamó el conflicto una "guerra santa". La guerra comenzó como una disputa territorial, pero habían razones más profundas que la adquisición de tierras. Los iraníes provienen de ramas predominantemente fundamentalistas del Islam, mientras que los iraquíes son musulmanes suni que son más liberales y abundantes en el mundo islámico. Khomeini pensaba exportar su revolución iraní, e Irak parecía como el lugar ideal para comenzar. Existía también otra diferencia curiosa, los iraquíes son árabes, los iraníes son arios (Los iraníes son descendientes de los pueblos sumerios y arios y se les llama los de "cabeza negra" o el "pueblo de cabellos negros").

El poder unificador del enemigo común

A pesar del mutuo odio del pasado, Irán se afirmará junto con su primo lejano, Irak, para enfrentar a los Estados Unidos. Lo mismo hará Siria, Jordania y los otros estados árabes, aunque sea sólo tras las puertas de los salones de conferencias. A pesar que la coalición, encabezada por los Estados Unidos, viene como una entidad libertadora, los estados árabes no podrán tolerar la influencia occidental ni la democracia que estos libertadores traerán con ellos. Ninguna de estas naciones puede abiertamente desafiar el poder militar de la coalición, pero han sido ligeros al enviar a sus "ciudadanos" a cruzar las fronteras nacionales para ayudar a sus primos a luchar contra los extranjeros.[1] Es muy probable que justo cuando pensemos que la guerra haya terminado ahí sea donde se desate el verdadero derramamiento de sangre. El terrorismo en las tierras bíblicas no terminará con la caída de Bagdad, sino que será elevada a un nuevo nivel. Israel será culpado y se renovarán los esfuerzos de "castigarlos" ya que son el blanco más cercano y más vulnerable.

No se escatimarán fuerzas para imponer una guerra civil en Irak. Los peligros más difíciles para los soldados vendrán luego que Bagdad haya caído, las tropas estadounidenses tendrán que recorrer un largo camino para estabilizar a la nación. La impresión inicial de que todo ha marchado bien cambiará al ver que la venganza islámica es tan sistémica como la influenza, y mucho más contagiosa. También descubriremos lo que nos mostraron el 11 de septiembre del 2001, que son extremadamente pacientes. Esperaron ocho años para reintentar derribar las torres del Centro Mundial del Comercio, luego de un primer intento fracasado en el 1993, y Saddam tenía más dinero y armas de destrucción masiva de lo que bin Ladden podía imaginar. Puede usted estar seguro que si continúa vivo, el rastro de sangre, dinero y armas de destrucción masiva llegarán hasta Siria y continuará al Líbano y aun más allá. Intentarán llegar a "tierras seguras" y ahí se quedarán como "celulas dormidas" hasta que el calor del momento pase.

A fines de marzo de 2003, un general israelí me informó que una señal de Saddam o de uno de sus hijos, podría señalar el inicio de una oleada de terrorismo única, tan imperceptible como un avión anti-radar y mucho más peligroso. Mientras los Estados Unidos gastan millones cada vez que utilizan una de sus bombas "inteligentes", los terroristas fundamentalistas podrían enviar todo un ejercito de sus bombas "H" – humanas – para lograr un efecto de igual precisión.

La bomba "H" – arma mortífera del Islam

El sábado 29 de marzo del 2003 un taxi de color anaranjado y blanco rehúso dar la vuelta en un punto de control monitoreado por el ejercito estadounidense cercano a Najaf en Irak. Al inspeccionar el auto para ver si llevaba armas, un soldado le solicitó al chofer que abriera el baúl del vehículo. En el siguiente instante murieron todos. El chofer del vehículo había hecho un voto de martirio con la convicción de que le sería dada la vida eterna, una corona de gloria, 72 vírgenes en el paraíso y que 70 de sus parientes serían exonerados de los horrores del infierno por su disposición de derramar su sangre para que ésta, a su vez, derramara la sangre de los enemigos del Islam. Fue el primer ataque de esta naturaleza que cobró vidas de la coalición y tomó lugar el onceavo día de la guerra en Irak. La bomba cobró la vida de cuatro soldados de la tercera división de infantería. El baúl del vehículo había sido modificado para servir de detonante. La bomba estalló con tanta fuerza que dejo un cráter en la tierra.

Una semana después, el sábado 4 de abril del 2003, se acercó un vehículo a un punto de control en una sección en el noroeste de Bagdad. Al acercarse el vehículo salió una mujer embarazada del lado del pasajero gritando de terror. En lo que los soldados se le acercaron para prestarle ayuda, el carro explotó dejando a la mujer, el chofer y a los tres soldados muertos.

Estuve en la ciudad de Mogadishu en 1993. Un helicóptero de combate estadounidense, tipo Black Hawk (halcón negro), fue derribado en el centro de la ciudad. Lo que siguió fue un combate armado de 20 horas durante el cual 19 soldados estadounidenses y más de mil somalíes fueron muertos. Poco después el entonces Presidente Bill Clinton tomó la decisión de retirar sus tropas de Somalia. Los terroristas percibieron esa retirada como una gloriosa victoria.

También estuve en Beirut en el 1983 cuando un camión-bomba tomó la vida de 141 miembros del personal militar estadounidense. Dos ataques terroristas tomaron lugar ese año: el primero en abril y el segundo en octubre. Los resultados fueron que el entonces presidente Ronald Regan, a la sorpresa de Israel, retiró sus tropas del Líbano, demandó que Israel no asesinara a Yasser Arafat y que permitiera que sus 10,000 terroristas dejaran a Beirut y fueran a Tunilla.

Estas son muestras de bomba "H" del jihad. Son las bombas "inteligentes" de los terroristas que nuestros pensamientos occidentales no logran reconocer ni entender, seres humanos dispuestos a dar sus vidas por la gloria de matar a otros. Todavía no logramos aceptar el hecho de que la religión de los fundamentalistas islámicos, el wahabismo, puede matar. Estas bombas "Humanas" se inmolan voluntariamente creyendo que serán recibidos en la gloria, por las enseñanzas corruptas que sus líderes le han sembrado. Cuando despierten en la eternidad no será Dios Padre quien los reciba. Ellos han sido engañados y las consecuencias no sólo son difíciles de entender para los que enfrentan la pérdida de las victimas en la tierra, sino para el mismo terrorista mal informado en la eternidad.

El Arma que alejó a los Estados Unidos del Líbano

La aparición de una bomba "H" es la señal más sobria de una guerra santa. Comenzaron a verse en el Líbano cuando atacaron a las fuerza israelíes, la marina de guerra estadounidense, y las embajadas estadounidenses. La brutalidad se inició el 18 de abril de 1983, cuando un coche bomba estalló en las afueras de la embajada estadounidense en Beirut occidental. Sesenta y tres personas murieron incluyendo diecisiete ciudadanos estadounidenses. Los terroristas islámicos alegremente aceptaron la responsabilidad del ataque. La razón tras el ataque fue enviar una señal clara a los Estados Unidos: No se entrometan en Israel. Los musulmanes,

Mas Allá de Irak: La Próxima Jugada

increíblemente, afirmaban que los Estados Unidos era un peón de Israel. El ataque confirmó este axioma islámico: *cualquier* amigo de Israel es enemigo nuestro. Lo cierto es que Israel siempre ha sido el peón. Israel ha hecho más para ayudar a los Estados Unidos que todos los demás países árabes combinados, y son la última barrera entre a la bomba "H" y el occidente.

Cuando los Estados Unidos enviaron fuerzas para mantener la paz al Líbano, a mediados de 1983, el mundo islámico se puso de pie par denunciar la "intromisión y el imperialismo estadounidense". Uno se ve obligado a preguntar dónde se encontraba el mundo islámico en el 1970 cuando el desalojado líder de la OLP, Arafat, mudó a su contingente de desordenados hacia Siria, para luego ser echado de allá, terminando luego en el Líbano.

Cuando la fuerza de paz integrada por los Estados Unidos, Inglaterra, e Italia, llegaron al Líbano en el 1983 fue con intenciones nobles: poner fin a una guerra que había iniciado la OLP. Las fuerzas occidentales estaban preparadas para luchar cuerpo a cuerpo para detener el derramamiento de sangre en el Líbano, sin embargo nunca vieron los rostros de los que vinieron a matarlos. Ni su entrenamiento contra tácticas de guerrilla les ayudó a entender a un enemigo que peleó usando el terrorismo y el suicidio.

Las ideas occidentales, de deshacer en unos meses los siglos de odio, se derrumbaron en la madrugada del domingo 23 de octubre de 1983. Las tropas de la marina estadounidense, ubicados en el comando cercano al aeropuerto internacional de Beirut, aún dormían.

En lugar de una trompeta despertadora, una explosión ensordecedora estremeció al comando. Unos musulmanes extremistas, instruyéndose con una página del manual de los pilotos kamikaze de la segunda guerra mundial, condujeron a un camión-bomba y destruyeron el cuartel. Un camión, repleto de explosivos, y conducido por un miembro de la jihad islámica, aceleró antes de que los sorprendidos centinelas pudieran responder, y se invistió contra el cuartel. El ataque mató a doscientos cuarenta y un soldados, mientras que el conductor supuestamente fue recompensado con una entrada al cielo por su sacrificio. Yo estaba en Beirut en ese momento y puedo decirle de primera mano que la llamada guerra santa no tiene nada de santidad.

Otros terroristas islámicos despertaron a la "gloria mayor" simultáneamente con sus hermanos que atacaron la base de la marina de guerra estadounidense. El mismo hecho horroroso tomó lugar en el cuartel francés. Cincuenta y ocho soldados paracaidistas murieron. No fue un tradicional domingo de culto de adoración para los franceses ni los estadounidenses, mas bien fue un domingo de luto.

Los Estados Unidos, y no Francia, continúan siendo el blanco preferido de las organizaciones terroristas en el Líbano. El 20 de septiembre de 1984 hubo una repetición del acto terrorista de abril de 1983, cuando un anexo de la embajada estadounidense en Beirut oriental fue destruido. En esta ocasión un camión, repleto con 750 kilos de explosivos, estalló matando a 35 personas de la embajada. Un santo guerrero más entró a la gloria islámica al matar a 12 infieles entre los cuales había 2 soldados estadounidenses.

> *No fue un tradicional domingo de culto de adoración para los franceses ni los estadounidenses, mas bien fue un domingo de luto.*

Mismas tácticas; Nuevo siglo

Esto es precisamente lo que el mundo terrorista espera lograr en Irak. Los atentados suicidas aumentaran rápidamente.

Antes de la guerra Saddam prometió cincuenta millones de dólares para esta causa, una casa nueva y dinero a cada familia palestina que sacrificaba a un niño para matar a judíos. La OLP, para honrar a Hussein, levantó un monumento a Jenin, el primer terrorista suicida. Los que son como él no vacilarán para usar la misma táctica de nuevo.

El capitán Andrew Valle de la Primera Brigada, un oficial de asuntos civiles y militares, respondió a la explosión del taxi del 29 de marzo de 2003, como muchos de nosotros hubieramos respondido: "no sé que motivó a este tipo a matarse"[2]. Se estima que un diez por ciento de todo musulmán practicante cree en este tipo de martirio. No lo ven como un suicidio porque no se están matando, sino entregando sus vidas para Alá. Sobre la explosión del taxi, la televisión iraquí dijo lo siguiente: "Esto es el bendito principio; él quiso darle una lección al enemigo de la misma forma en que lo hacen nuestros hermanos palestinos".[3]

En febrero de 2003, antes de iniciar la guerra en Irak, Osama bin Ladden urgió a las tropas iraquíes, en una cinta que fue pasada por la televisión árabe, que en caso de que los Estados Unidos invadiera su nación, deberían usar tácticas similares a las de los palestinos en Israel. En respuesta al primer ataque suicida de la guerra, el vicepresidente de Irak, Taha Hassin Ramadan, dijo: "el ataque no fue el producto de un fanático independiente, sino parte de un esfuerzo coordinado para hacer retroceder a la invasión". Continuó diciendo que estos ataques suicidas serían el arma preferencial, y que eventualmente tomarían lugar en tierra estadounidense. "Tenemos bombas que matarán a quinientas personas, pero te aseguro que vendrá el día en el cual una operación de mártires terminará con cinco mil enemigos. Esto es sólo el principio, oirán más buenas noticias luego".[4] Este terrorista suicida, en un servicio especial, recibió una condecoración de Saddam Hussein y, póstumamente, fue promovido al rango de coronel.[5]

la clave se encuentra en el corazón y el espíritu humano

Los Estados Unidos ha ganado la guerra en Irak. Sin embargo hay una nueva amenaza que el occidente ahora debe enfrentar: una nueva generación de bombas humanas enfurecidas con nuestra victoria. Esa bomba pudiera ser hombre, mujer, adolescentes, mujer embarazada o un anciano llevando una bandera blanca de rendición. Puede ser cualquier persona en un auto en cualquier lugar. La consecuencia de la guerra convencional en Irak será una guerra terrorista. El futuro de Irak será más problemático que mesiánico. Cada video que muestre a árabes muertos incrementará la resistencia musulmana y los terroristas entrarán en competencia uno con el otro para ver quien es el mayor.

La verdadera amenaza de Saddam: Terroristas suicidas con armas de destrucción masiva

No hay dudas de que Saddam posee armas de destrucción masiva. No es sorprendente que la guerra de Irak se va convirtiendo en una guerra santa. El llamado a las armas sale de los cleros islámicos predicándole a las masas en mezquitas, incitándoles con el uso de las imágenes distorsionadas de la televisión árabe y justificando su extremismo, con la mala interpretación del Corán por el wahabismo. Ellos urgirán a sus hermanos y hermanas a atacar a los "infieles" mientras que 25 por ciento de las mezquitas en los Estados Unidos siguen doctrinas wahabistas. Los Generales estadounidenses bien pueden ganar la guerra en Irak con bombas inteligentes, y aún pueden matar a Saddam Hussein y sacar a sus socios de maldad fuera de Irak, pero no pueden matar a los demonios detrás de ellos, ni podrán sacarlos de la nación. Sólo aquellos que entienden el poder de la oración podrán hacer eso. De otra forma estos demonios simplemente encontrarán otro lugar para habitar.

"Cuando el espíritu inmundo sale del hombre, anda por lugares secos, buscando reposo, y no lo halla. Entonces dice: Volveré a mi casa de donde salí; y cuando llega, la halla desocupada, barrida y adornada. Entonces va, y toma consigo otros siete espíritus peores que él, y entrados, moran allí; y el postrer estado de aquel hombre viene a ser peor que el primero. Así también acontecerá a esta mala generación".

- Mateo 12:43-45

El llamado a la guerra espiritual no es en vano. De hecho la clave se encuentra en el corazón y el espíritu humano, que por más que sean la raíz de su ira, también son los centros de transformación a través del milagroso poder que opera en el reino de lo invisible.

Toda batalla terrenal se gana, o se pierde, en lo celestial antes de que sus resultados se vean en la tierra.

Los estados que albergan a los terroristas ya no necesitan reactores nucleares para producir la materia mortífera requerida para ensamblar una bomba atómica. Ya se puede producir en máquinas centrífugas que tienen el tamaño de una máquina lavadora convencional.[6] Las inspecciones más intensa tendrían dificultades para encontrar esa máquina. La guerra de los Estados Unidos en Irak es el comienzo de la guerra contra el terrorismo apoyado por estados. Los Estados Unidos pretenden pelear esta guerra con tanques de guerra, armas de fuego y mísiles en cualquier territorio. Los Estados Unidos irán tras la red completa del terrorismo, los regímenes que la apoyen y las organizaciones que la alberguen. La política que usaran será la del primer golpe. Ya no llegaremos tarde para evitar un 11 de septiembre.

Sin el poder de la oración, el mundo quedará con un ejército marchante de cadáveres humanos dispensando las plagas

La inteligencia israelí se preocupa de que los terroristas, luego de jurar dar sus vidas como mártires, se infectarán con viruela o una neumonía atípica y se mezclarán entre personas en los centros poblacionales. Mientras mueren lentamente continuarán respirando entre personas. Serán bombas "H" (humanas) biológicas. Sin el poder de la oración, el mundo quedará con un ejército marchante de cadáveres humanos dispensando las plagas apocalípticas. Sólo el poder de la oración producirá un avivamiento sin precedentes que transforme el odio en esperanza.

La Bomba "H" espiritual trae vida

El poder de la oración es mayor que las mejores estrategias, ataques globales dirigidos por satélites y que la Madre de todas las Bombas (¡42,000 kilos!) combinados. La oración es el arma más efectiva contra cualquier tipo de terrorismo. Los Estados Unidos dejó caer dos Madre Bombas, en lo que pensaban que era la cabeza de Saddam Hussein, sin embargo éste parece haber escapado. Ningún demonio se escapa del poder de la sangre del cordero, cuando la oración de un creyente llega al cielo.

La razón de esto es que no podemos derrotar a los terroristas, tenemos que derrotar las fuerzas espirituales tras estos. Pablo decía:

"Porque no tenemos lucha contra sangre y carne, sino contra principados, contra potestades, contra los gobernadores de las tinieblas de este siglo, contra huestes espirituales de maldad en las regiones celestes".

Efesios 6:12

¿Hay espíritus demoníacos orquestando la amenaza terrorista? Claro que sí. ¿Dónde están los demonios que poseyeron a los 19 terroristas el 11 de septiembre? ¿Cuál demonio reside en Saddam Hussein? Yo no soy un cazador de demonios pero rehúso creer que aquellos que atacaron con ese nivel de barbarie no estuvieran controlados por demonios. No hay *nada más importante que el pueblo de Dios pueda hacer que unirse en oración*: ángeles celestiales esperan sus comisiones y los demonios están llenos del temor de que puedan ser atados. Ambos saben que la oración del justo puede mucho (ver Santiago 5:16).

"Adonai Oz Leamo Yitein,
Jehová dará poder a su pueblo;
Adonai Yevarech et Amo Bashalom
Jehová bendecirá a su pueblo con paz".

Salmos 29:11

8
EL CAMINO QUE ATRAVIESA A BAGDAD CONDUCE A JERUSALEN

"Ustedes declaran, amigos míos, que no odian a los judíos, que son simplemente anti-sionistas. Y yo digo, que resuene la verdad desde las cumbres de las montañas más altas. Que resuene a través de los valles de la gran tierra de Dios. Cuando la gente critica al sionismo, se refieren a los judíos. El sionismo no es otra cosa que el sueño y el ideal del pueblo judío de retornar a su propia tierra".

Martin Luther King[1]

Al inicio de la guerra todos preveían su pronta terminación. Mientras escribo este libro, el sitio a Bagdad ha comenzado y las tropas de la coalición entran y salen de la ciudad libremente. De continuar a este paso, la guerra en Bagdad habrá terminado al momento de usted leer este libro. Sin embargo, la Operación Libertad Iraquí continuará por cierto tiempo, y al Medio Oriente aún le falta mucho para alcanzar la paz. Nunca se previó que la batalla por Bagdad sería el final, pues el camino que conduce a Jerusalén atraviesa a Bagdad.

El equilibrio de poder en el Medio Oriente será determinado por Jerusalén, y no Bagdad. Si Israel, el único aliado de los Estados Unidos en el Medio Oriente, y la última barrera entre el terrorismo islámico y el occidentese continúa debilitando, entonces la amenaza islámica podrá cruzar el mar. El terrorismo asimétrico es de fácil ejecución, aún para los pobres. Sólo requiere una inversión de 600 dólares en clavos, tornillos, rodamientos, dinamita, un chaleco y unos cuantos interruptores.

El fin del camino

Eventualmente llegaremos al fin del camino en Irak, y cuando lleguemos presentaremos de inmediato otra "Hoja de Ruta". En esta ocasión será una que muestra el camino a una falsa paz entre Israel y los palestinos. El Cuarteto (los Estados Unidos, la ONU, la UE, y Rusia) se prepara para cantar el himno de la formalización del estado Palestino tan pronto como cesen las hostilidades. Lo han estado planificando desde antes que comenzara la guerra. El Secretario de Estado Colin Powell; el Ministro de Relaciones Exteriores ruso, Igor Ivanov; y el Sr. Kofi Annan, Secretario General de las Naciones Unidas, son algunos de los miembros activos del Cuarteto. Es inquietante que algunos miembros del Cuarteto se opongan a las operaciones de los Estados Unidos en la lucha contra el terrorismo en Irak, pero se complacen en obligar a Israel a aceptar a las organizaciones terroristas como si fueran buenos vecinos.

A pesar del efecto que una emergente democracia iraquí pueda tener entre los otros países árabes o musulmanes, es probable que la primera entidad beneficiada de la derrota de Saddam Hussein sea la Autoridad Palestina. De hecho, los dos líderes aliados, el Presidente de los Estados Unidos, George W. Bush y el Primer Ministro británico Tony Blair, estaban de acuerdo, incluso antes de que estallaran las hostilidades, sobre el vínculo entre la guerra con Irak y el conflicto israelí-palestino. Todo el aparato político europeo ha vinculado la derrota de Saddam Hussein con un renovado proceso de paz entre Israel y los palestinos. En una declaración anterior a la guerra, Blair dijo: "Es justo ahora, cuando nuestra atención se enfoca en los temas de las armas de destrucción masiva, y en Saddam Hussein y en todas las cosas que hizo, que le decimos al mundo árabe y musulmán: 'Aceptamos la obligación de ser justos, y que es ahora que debemos decirle al pueblo que el tema de la paz entre los palestinos y los israelíes es tan importante para nosotros como cualquier otro".[2]

El presidente Bush repitió este sentimiento tras su cumbre en el campamento David: "La historia requiere más de nuestra Coalición que la derrota de un gran peligro. Veo una oportunidad, al igual que el Primer Ministro Blair, de traer renovada esperanza y progreso a todo el Medio Oriente. El pasado 24 de junio esbocé una visión de dos estados, Israel y Palestina, viviendo el uno junto al otro en paz y seguridad. Pronto entregaremos la 'Hoja de Ruta' que fue creada para convertir esta visión en realidad, y tanto los Estados Unidos como Gran Bretaña están firmemente comprometidos a la implementación de esta 'Hoja de Ruta'".[3]

Blair respondió señalando una fecha para el estreno público de la "Hoja de Ruta": "Ambos compartimos la misma determinación de ver a este proyecto avanzar completamente. A menudo se pasa por alto el hecho de que el presidente Bush es el primer presidente de los Estados Unidos que se compromete a una solución de dos estados: un Israel confiado en su seguridad y un estado palestino viable. Y aguardo con anticipación la decisión, recientemente anunciada, de publicar la "Hoja de Ruta" tan pronto como se efectúe la confirmación del nuevo Primer Ministro palestino".[4]

El Presidente Bush tendrá que tomar decisiones difíciles a medida que la guerra llegue a su fin. Conozco, al entrevistarlo, que Bush es un hombre de fe que cree en la Biblia, mientras que otros influyentes en determinar la política exterior de los Estados Unidos están más inclinados a favor de respaldar el término "O", que representa los "territorios ocupados". El Presidente Bush está rodeado de mentes brillantes, pero lamentablemente, algunos no le dan a Jerusalén mayor importancia que a Johannesburgo, ni a Israel mayor significado que a Estambul.

Bush ha confrontado a Saddam, el padrino del patrocinio estatal del terrorismo islámico al declarar:

Bush ha confrontado a Saddam, el padrino del patrocinio estatal del terrorismo islámico al declarar: "Es hora que muestres la baraja que tienes en tu mano".

"Es hora que muestres la baraja que tienes en tu mano". Mientras que el Departamento de Estado está ansioso por volver a barajar el mazo para minimizar la ira de todo el mundo árabe sobre la guerra en Irak. Powell y otros en los Estados Unidos estarían muy orgullosos de participar en el desarrollo de un estado palestino dentro de las fronteras actuales de Israel. Sólo existen unos pequeños obstáculos en su camino: El Dios de la Biblia, la Biblia misma y 52 millones de estadounidenses que creen en la Biblia.

Sería un grave error que el presidente Bush legitimizara la OLP y debilitara a Israel por el apaciguamiento. Esto no fortalecerá de modo alguno nuestra causa, sino que, al contrario, enviaría una señal de que el crimen sí paga. Por lo tanto, necesitamos orar por el Presidente Bush, para que se oponga a la "Hoja de Ruta".

El plan de la "Hoja de Ruta" del Departamento de Estado nos convierte en socios de la ONU, la UE y Rusia, ninguno de los cuales apoyó la guerra en Irak. Una vez que terminemos con Saddam, Powell planea "renovar su amistad" con estas entidades a cambio de las tierras de Israel. Validarán el mito árabe de que la construcción de viviendas judías en los territorios en disputa (es decir, la Franja Occidental, la Franja de Gaza y las Alturas de Golán) es la raíz de todos los problemas del Medio Oriente. Parece que el Departamento de Estado no tendrá que disculparse ante Siria, Irán ni Libia por incluirlos en la lista de "patrocinadores estatales del terrorismo". El Secretario Powell sólo ondeará la varita mágica del "Estado Palestino" y todos estarán contentos de nuevo.

Arafat me retó en la ONU en Ginebra en 1988 al decir "Belén es la población musulmana donde nació Jesús, el primer palestino"[5] como respuesta a mi atrevimiento de decirle que Jesús era judío y de Belén. El Islam ni siquiera había surgido en los días del Nuevo Testamento, ni se usaba la palabra "O" (en referencia a los territorios ocupados) para referirse a los judíos de ese entonces, sino más bien a los romanos. ¡No creo que mi comentario le haya causado mucha gracia! Cuando cité la Biblia, Arafat gritó "¡Cállese! ¡Cállese! ¿Qué tendré que hacer para hacerlo callar, desnudarme ante usted? ¡Eso sería absurdo!" Belén es sólo uno de los temas de la línea divisoria. ¿Qué de Jericó? ¿Qué de Jerusalén?

¿Como reconciliará Bush su fe en la Biblia, que establece que el cristianismo nació en el sector oriental de Jerusalén, con una "Hoja de Ruta" que le pone el nombre de "ocupados" a esos mismos territorios? Cuando Jesús predijo que, tras su muerte y resurrección, regresaría, señaló que sería luego de que la Jerusalén unificada estuviera de vuelta en manos judías. Ahora parece que la propiedad de Jerusalén será determinada por el Cuarteto y a la política, y no por los profetas y a la profecía. Sin embargo, Dios aún tiene el voto decisivo.

El derecho de Israel a existir

En Génesis 12:3 leemos las palabras de Dios a Abraham: *"Bendeciré a los que te bendijeren, y a los que te maldijeren maldeciré"*. Afortunadamente, los Estados Unidos han sido un gran amigo del estado judío renacido durante su historia. Los Estados Unidos fueron el primer país en reconocer oficialmente al naciente país en 1948, bajo órdenes directas del Presidente Harry Truman. Los rusos también se apresuraron a la ONU para reconocer a Israel en 1948, pensando que podían convertirlo en uno de sus estados satélites. No habían leído la Biblia. Truman no podía permitir que eso pasara y reconoció a Israel primero.

Siempre hubo una oposición velada a Israel en los Estados Unidos. Eso se puso de manifiesto cuando el Departamento de Estado le advirtió al Presidente Truman que se ganaría la ira de las naciones árabes, ricas en petróleo, si apoyaba a Israel en el crítico voto sobre el reconocimiento del Estado de Israel ante las Naciones Unidas. A pesar de que el Departamento de Estado envió un telegrama de alta seguridad minutos antes, declarando que los Estados Unidos iban a reconocer a un estado judío, Harry

Truman, en el momento que firmó el documento de reconocimiento de los Estados Unidos, tachó las palabras "estado judío" y colocó las palabras "Estado de Israel". Si usted desea una copia gratis de ambos, escríbame, y será un placer enviárselas.

La lucha política y la luchas espirituales subyacentes continúan hasta el día de hoy. Con los ojos puestos en el flujo de suministros de petróleo y riqueza árabes, muchas de las principales corporaciones y multinacionles son particularmente críticos de Israel. Están profundamente insatisfechos con él por el conflicto árabe-israelí que no termina, y harían casi cualquier cosa por resolverlo. De hecho, la mayoría de ellos estarían contentos con la solución de Hitler: la destrucción del "problemático" pueblo judío. Hoy esto se extiende a la eliminación del estado judío.

Entre las naciones del mundo, los Estados Unidos siguen siendo el aliado más cercano de Israel.

Sin embargo, muchas de nuestras acciones han contribuido a socavar la viabilidad de Israel, y con ello sus posibilidades de sobrevivir en el hostil Medio Oriente musulmán. Mi argumento de que los Estados Unidos tienen un registro ambiguo con respecto a Israel podría sorprender a algunos lectores.

No obstante, los hechos son claros. Varias administraciones de los Estados Unidos han sido los principales actores en el proceso de "tierra a cambio de paz", en el cual se le pide a Israel que abandone territorios estratégicos a cambio de meras promesas de paz de los enemigos árabes que les rodean.

Desde su establecimiento en 1948, el Estado de Israel ha buscado la paz con sus vecinos a través de negociaciones directas. Sin embargo, sus esfuerzos no han hallado la misma cooperación de los países árabes circundantes. Desde el nacimiento de Israel, las naciones árabes han querido un frente unido contra "la entidad Sionista". Todos han rechazado el derecho de existir de Israel y han presentado 35 resoluciones en la ONU que exigen el desmantelamiento de la entidad Sionista.

Una excepción notoria ocurrió en la década de los setenta, cuando Egipto aceptó la oferta de Israel de negociar cara a cara. El difunto líder egipcio Anwar Sadat se unió a negociaciones bilaterales que llevaron al tratado de paz de 1978. Desde entonces la paz ha prevalecido entre las fronteras comunes de ambos países. La súplica de un Primer Ministro llamado Menachem Begin, un hombre de oración, fue escuchada. Recuerdo un día en su oficina estudiando la Biblia juntos buscando textos bíblicos para justificar su decisión. Él deseaba verdaderamente la bendición de Dios para su nación; fue un hombre con una profunda fe.

La falacia de "tierra a cambio de paz"

En pocas palabras, todo el asunto de "tierra a cambio de paz" se puede resumir en esta declaración: La OLP desea controlar a Judea, Samaria y la Franja de Gaza, y quiere que el sector oriental de Jerusalén sea su capital.

La parte delicada para los judíos es el hecho de que Dios les dio esa tierra y les prohibió venderla.

"La tierra no se venderá a perpetuidad, porque la tierra mía es; pues vosotros forasteros y extranjeros sois para conmigo".

Levítico 25:23

Los supuestos amigos de Israel, incluyendo los Estados Unidos y a algunos de los consejeros del presidente, han adoptado una teología en la cual "el fin justifica los medios" para anular la justa demanda de los judíos sobre la tierra que Dios les prometió. Quieren cambiar esos pasajes problemáticos de las Escrituras con creencias más convenientes y políticamente correctas. Implementar acciones contrarias a las instrucciones de las Escrituras es asumir un gran riesgo.

A fin de cuentas

La meta de la "Hoja de Ruta" es la creación de "Una solución para los dos estados del conflicto palestino-israelí", en otras palabras, la Autoridad Palestina obtendría tierra dentro de las fronteras actuales de Israel en las cuales establecerán el gobierno de Palestina. Este estado sería independiente y soberano, incluyendo "máximo territorio contiguo", lo que significa que compartirían fronteras sin "zonas neutras" de protección entre ellas. La "Hoja de Ruta" del Cuarteto no es un invento israelí ni nada que Israel podría recibir con agrado. Algunas razones para ello son que la "Hoja de Ruta", tras las elecciones oficiales de la Autoridad Palestina de su Primer Ministro y el nombramiento de un gabinete, anula el control de Israel sobre sus fronteras, requiere limitaciones de armas, requiere que Israel renuncie al control de su espacio aéreo, etc. Otra de las primeras metas es celebrar una conferencia internacional (como la de Madrid tras la Guerra del Golfo en 1991) con el fin de "iniciar negociaciones que conduzcan a la declaración de un Estado Palestino con fronteras temporales". La segunda conferencia se celebraría en 2004 para iniciar las negociaciones para un acuerdo permanente. El Cuarteto es el instrumento mediante el cual un estado palestino soberano cobraría forma. El Cuarteto tendrá la supervisión y el control supremo en la toma de decisiones. Este esbozo requiere el retiro total de Israel a las fronteras previas a la Guerra de los Seis Días de 1967. (Una propuesta realizada por los árabes sauditas). Las directrices para ello serían las siguientes:

1. Jerusalén/ Israel deben acordar reabrir todas las oficinas e instituciones de Palestina que se dedican al comercio, negocios y la economía y que fueron cerradas en el sector oriental de Jerusalén, incluyendo, por supuesto, la Casa del Oriente. Lo mínimo aceptable es que la Autoridad Palestina se uniría a las negociaciones en condición de igualdad con Israel y el Cuarteto en lo que respecta al "acuerdo permanente" para

establecer las fronteras de Jerusalén, las áreas de los refugiados y los asentamientos.

2. Israel debe aceptar la palabra "O" (territorios ocupados) y congelar todas las actividades en los asentamientos, lo cual amenaza a las regiones palestinas con poblaciones contiguas, incluyendo áreas alrededor de Jerusalén.

3. Con respecto a la declaración de un Estado Palestino con fronteras temporales, Israel debe permitir la contigüidad geográfica máxima, incluyendo medidas adicionales con respecto a desarraigar los asentamientos que interrumpen la continuidad territorial. La "Hoja de Ruta" exige una conferencia internacional para lograr la paz en todos los frentes, incluyendo las disputas sirio-libanesas con Israel.

4. El Cuarteto garantizará que todos los lados implementen simultáneamente todas las obligaciones. Esto contradice por completo los deseos de Israel de implementar su parte únicamente tras la implementación total de parte de los palestinos. Por ejemplo, la obligación de Palestina de erradicar el terror será el equivalente a las obligaciones israelíes con respecto a la actividad en los asentamientos.

5. El Cuarteto iniciará una Fuerza Observadora Internacional. Israel no ha solicitado una Fuerza Observadora Internacional, y menos de la ONU, la UE y Rusia. Tales "observadores", al menos, tendrían que apoyar los derechos de los israelíes.

6. El Cuarteto, no Israel, decidirá cuándo reconocer al Estado Palestino. Como siempre, "máximo territorio contiguo" significa que Israel tendría que ceder el control de las fronteras, limitaciones de armas, control de su espacio aéreo, y más. El Cuarteto, no Israel, determinará cuándo prevalezcan las condiciones para avanzar.

7. La "Hoja de Ruta" también ignora por completo las exigencias israelíes como el cese del terror, la recogida de las armas ilegales, y el cese de la incitación (en otras palabras, el

control de toma de decisiones de Israel se ve muy restringido)[6].

¿Cómo intentará el Cuarteto obligar a Israel a aceptar esta "Hoja de Ruta"? Simple y llanamente: chantaje económico.

El Producto Interno Bruto de Israel (PIB) para el 2002 fue de 100 mil millones de dólares.

Israel necesita un PIB de 100 mil millones de dólares para equilibrar su presupuesto a su nivel actual de crecimiento. En el 2003, Israel perdió más de 15 mil millones de dólares por causa del terrorismo (esta cifra proviene de su presupuesto de defensa y de los ingresos dejados de percibir). El monto total de sus exportaciones en 2002 fue de 28 mil millones de dólares. Durante la Operación Libertad Iraquí, los Estados Unidos prometieron satisfacer la solicitud de Israel de 9 mil millones de dólares en garantías de préstamos y mil millones adicionales en ayuda, lo cual representa más del 10 por ciento del PIB que necesita Israel. Cuando se escribía esto, Israel todavía no había recibido los fondos prometidos, aunque les dijeron: "el cheque ya salió".

El Cuarteto sólo tiene que susurrar: "Obedezcan la Regla de Oro: nosotros tenemos el oro, haremos las reglas y ustedes las obedecerán. Si no lo hacen, entonces podemos impedir que sus exportaciones entren a nuestros países. Tendremos que ajustarnos a las regulaciones sobre tarifas y comercio, y esto no tiene nada que ver con chantaje".

Rusia no sólo posee la palanca económica, (Israel ganó 169.2 millones de dólares de Rusia en 2001 [es la última cifra disponible]), sino que tienen una palanca aún mayor: ¡los judíos rusos que quieren regresar a Israel! Hasta 1989, a los judíos rusos no se les permitía irse de Rusia, pero desde entonces un millón ha llegado a Israel. Hay otro millón que está sufriendo por el antisemitismo. Con una simple palabra su solicitud de visa podría ser rechazada si trataran de salir.

Israel se verá obligada a seguir sus reglas o convertirse en una nación en bancarrota. Estamos hablando de la pérdida de más de un tercio del PIB total de Israel. La Biblia predice un día en el que el anticristo hará algo similar:

> *"Con su sagacidad hará prosperar el engaño (el comercio) en su mano; y en su corazón se engrandecerá y sin aviso destruirá a muchos; y se levantará contra el Príncipe de los príncipes, pero será quebrantado, aunque no por mano humana".*
>
> Daniel 8:25 (paréntesis del autor)

El Cuarteto Transforma a la OLP

Dado que el presidente Bush ha sido bastante abierto con su negación de a aceptar a Yasser Arafat como el representante de la nueva Autoridad Palestina, como se esboza en la "Hoja de Ruta", la OLP tuvo que buscar a otra persona para que fuera el Primer Ministro de la AP. Su búsqueda no duró mucho. Como no podían escoger a Arafat, escogieron a su antiguo vicepresidente y cofundador de Fatah, Mahmoud Abbas (también conocido como Abu Mazen).

Como recordarán del prefacio, Abbas fue clave en el rechazo de la OLP del plan de paz de Israel en el campamento David en 2000 y también coordinó al equipo de negociaciones de la OLP durante la Conferencia de Madrid en 1991. El fue considerado como un "moderado" por el Cuarteto, aunque afirma que los nazis asesinaron "sólo a unos pocos cientos de miles de judíos"[7], no a millones, comentarios de los que tuvo que retractarse más adelante por razones políticas.

La mayoría de los nuevos miembros del gabinete de Abbas también provienen del *Fatah*. Aunque todavía no lo han sido señalado como la marioneta de Arafat, es confuso cuál será su papel, ya que Arafat todavía dirigirá todos los asuntos extranjeros de la Autoridad Palestina, incluyendo las negociaciones de la AP con

Israel. Uno tiene que preguntarse ¿cuales otras responsabilidades pueden existir además de las relaciones exteriores? Si no fuera por el hecho de que los Estados Unidos y el cuarteto la estuvieran aceptando, esta farsa pudiera resultar cómica. Los propios comentarios del presidente en la reciente cumbre Operación Libertad Iraquí con el Primer Ministro Británico Tony Blair en Irlanda del Norte, indican que él acepta totalmente el nombramiento de Abbas como si Abbas no tuviera nada que ver con Arafat y con los otros terroristas de *Fatah*: "Estoy satisfecho con el nuevo líder de la Autoridad Palestina. Espero que finalmente conforme su gabinete para que podamos implementar la Hoja de Ruta".[8] Él también dijo que estaba confiado en que se podría lograr un avance significativo en la paz ahora que Abbas estaba en su cargo.

Poco después de esto, el viernes 11 de abril de 2003, el Ministro Británico de Relaciones Exteriores, Jack Straw, le dijo al Presidente de la Autoridad Palestina, Yasser Arafat, que la "Hoja de Ruta" internacional para la paz sería presentada en los próximos días. Radio Israel divulgó al día siguiente, el sábado 12, que Straw le había dicho a Arafat lo mismo y que además que la comunidad internacional estaba plenamente comprometida a la implementación de la "Hoja de Ruta".

Nabil Abu Rudeineh, un alto asistente de Arafat, dijo que Straw le había dicho a Arafat que la comunidad internacional había comprometido su apoyo al plan de paz de la "Hoja de Ruta". Diplomáticos europeos anunciaron que el plan sería presentado para su implementación sin ningún cambio en su texto, tan pronto como Mahmoud Abbas aprobara el nuevo gabinete palestino.

La respuesta de Israel

Israel no apoya el plan del Cuarteto porque no condiciona, explícitamente, la declaración de ser Estado a un cese del terrorismo. El ex-secretario de Estado James Baker instó al presidente

Bush para que continuara la tradición de su padre y aprovechara la ventana de la oportunidad presentada por la "Hoja de Ruta". El mismo fin de semana, del 12 al 13 de abril de 2003, el Sr. Baker dijo también, en una reunión en Toronto, que los Estados Unidos debían ejercer mucha presión sobre Israel para asegurar la paz en la región.

Dov Weisglass, Jefe del Gabinete del Primer Ministro Sharon, voló inmediatamente a Washington para tratar de minimizar los daños. El diplomático israelí presentó una lista de 15 puntos de contención del plan del "Hoja de Ruta", que incluyen los siguientes puntos:

- Cualquier paso adelante hecho en el plan debe hacerse como resultado de acciones, más que de un programa establecido;
- un congelamiento de los asentamientos ocurrirá solamente después de un período prolongado de la seguridad;
- la oferta Saudita de paz no será considerada como un punto de inicio para las negociaciones;
- se podrá establecer un estado palestino con fronteras temporales solamente después de la destrucción de la infraestructura del terror en los territorios; y solamente con el acuerdo de Israel; y
- los Estados Unidos, y no el Cuarteto, supervisará la implementación.

La respuesta de los Estados Unidos era que la "Hoja de Ruta" iría adelante sin cambios.

Esta misma respuesta fue repetida el 17 de abril de 2003, durante la cumbre de la UE en Atenas, Grecia. El Secretario General de las Naciones Unidas, Kofi Annan y el Ministro Ruso de Asuntos Exteriores, Igor Ivanov, exigieron la publicación inmediata de la "Hoja de Ruta" tan pronto como el primer ministro palestino electo, Abu Mazen, haya conformado su gabinete.

"Esperamos que una vez que la Hoja de Ruta haya sido lanzada formalmente, recibiremos los comentarios adicionales del lado israelí, así como también los comentarios del Primer Ministro de la Autoridad Palestina", le expresó a los periodistas el Secretario de Estado, Colin Powell. La parte confusa de todo eso es ¿qué significa "lanzamiento formal?" Ambas partes tienen la "Hoja de Ruta", y Powell ya le dijo a Israel, accediendo a peticiones de éste, que no habría cambios en el mismo.

Sin embargo, los terroristas siguen sin inmutarse

Lo más extraño de todo este teatro del absurdo y festival de la hipocresía es que mientras el Departamento de Estado de los Estados Unidos ha estado avanzando con su plan en la guerra, la OLP ha progresado con su plan. Fuad Abu Hijleh, un analista político palestino lo expresó de la siguiente manera:

> "Los árabes tenían un caso, el de Palestina, y una ocupación, la ocupación israelí. Sin embargo, esta mañana los árabes se levantaron con un caso nuevo y con una nueva ocupación. Ahora tenemos una nueva Palestina en Irak".

Mientras tanto, el mismo día, el líder de Jihad Islámica, la organización de la Franja de Gaza, Abdallah al-Shami, describió el colapso del régimen de Saddam Hussein como un "terremoto". Dijo que el fin de la guerra en Irak sólo aumentaría la determinación de su grupo de continuar los ataques terroristas contra Israel.

Jihad Islámica también fue uno de los dos grupos palestinos que reclutó voluntarios para luchar contra las tropas norteamericanas y británicas en Irak. El otro fue la Fatah, del Presidente de la Autoridad Palestina, Yasser Arafat, que envió a cientos desde el Líbano y Siria en misiones suicidas contra los soldados estadounidenses y británicos durante la guerra. También había cientos de palestinos sosteniendo pancartas de Saddam y banderas iraquíes marchando en el Margen Occidental y en la Franja de Gaza para protestar contra la invasión de Irak encabezada por los Estados Unidos.

El Camino que Atraviesa a Bagdad Conduce a Jerusalen

Los terroristas de Hamas también hicieron promesas de intensificar los ataques contra Israel, y exhortaron a los iraquíes a realizar atentados suicidas con bombas contra las fuerzas invasoras. El alto dirigente de Hamas, Abdel Aziz Rantisi le dijo a Reuters en la Franja de Gaza:

> "Los iraquíes deberían preparar cinturones explosivos y a potenciales mártires [terroristas suicidas con bombas] para combatir a los ocupantes estadounidenses. "Los agresores estadounidenses están en suelo iraquí ahora; por lo tanto, los iraquíes deben confrontarlos con todos los medios posibles, incluyendo operaciones de martirio [suicidio]".

Tampoco los otros vecinos musulmanes de Irak se quedaron callados. Siria animó a los refugiados palestinos del Líbano a luchar contra las fuerzas de la coalición en Irak, e incluso proporcionaron autobuses para llevarlos de Damasco a Bagdad. Fuentes libanesas estimaron que cientos de estos voluntarios realizaron el viaje, aunque no todos sin incidentes. Uno de los autobuses de estos voluntarios patrocinados por Siria fue alcanzado por un misil estadounidense a unos 50 kilómetros dentro del territorio iraquí, matando a cinco e hiriendo a docenas. En el momento, el ataque con misil fue descrito como un accidente de guerra. Ahora que se sabe sobre la conexión Palestina, se especula que el misil fue lanzado intencionalmente, tal vez como advertencia para desanimar a los otros voluntarios. Siria fue el único país fronterizo con Irak que mantuvo sus cruces fronterizos abiertos durante la guerra.

El analista militar sirio Hitham al-Kilani dijo en una entrevista con Al-Jazeera el 24 de marzo que "la frontera Siria estuvo abierta para los voluntarios sirios, árabes y musulmanes que desearan llegar a Irak y participar en los combates contra la invasión iraquí". Kilani dijo además que la frontera Siria también estaba abierta para los refugiados iraquíes que desearan entrar a Siria.

En ese tiempo, el periódico *Ha'aretz Daily* informó que en los meses previos a la guerra Siria había estado comprando equipo militar para el ejército iraquí y entregándolo a Irak en camiones desde el puerto sirio de Latakia. El material, comprado a países de Europa Oriental, incluía motores para los tanques y aviones iraquíes de fabricación soviética, así como porta-tanques de Alemania.

El 13 de abril, oficiales de la Casa Blanca dijeron que Huda Salih Mahdi Ammash, alias "Chemical Sally" (Sally la Bióloga) y Rihab Taha, conocida como "La Doctora Gérmen", ambas expertas en el programa de armas biológicas de Irak, están en Siria.

Otro informe de *The Jerusalén Post* afirmaba que las fuerzas estadounidenses y británicas eran atacadas por palestinos y jordanos que habían ido a Irak a combatir las fuerzas de la coalición. "Ejecutaron un ataque integrado", dijo por la radio un oficial de operaciones de la Segunda Brigada del ejército de los Estados Unidos". Emplearon francotiradores y artillería de precisión, así como terroristas suicidas con bombas y granadas propulsadas por cohetes". La información sobre la identidad de las fuerzas fue obtenida de prisioneros de guerra capturados durante los combates. Se informó luego que en gran parte, la defensa de Bagdad estaba siendo realizada por unos 5,000 efectivos palestinos, sirios y jordanos. Las unidades de la Guardia Republicana ya estaban seriamente debilitadas a un 25 por ciento de sus números originales.

Luego se reveló que los iraquíes que se rendían a las tropas estadounidenses habían detonado cinturones explosivos al estilo palestino, sujetos a sus cuerpos, cuando los estadounidenses se les acercaban. Posteriormente, todas las fuerzas que se rendían se les ordenaba que se desvistieran antes de acercarse a las tropas de los Estados Unidos, para evitar la recurrencia de tales incidentes.

Los Estados Unidos se acercan al momento decisivo

A pesar de estas acciones, la evidencia adicional de que el gobierno de los Estados Unidos ya está dando los pasos para apoyar la "Hoja de Ruta" se hace clara por el hecho de que los

Estados Unidos todavía no le han entregado a Israel sus nueve mil millones en garantías de préstamo y mil millones en ayuda al momento de este escrito (abril de 2002). Un juego parecido al del palo con la zanahoria, de 10 mil millones de dólares, se jugó en 1991 y obligó a Israel participar en la Conferencia de Paz de Madrid para hacerlo ceder tierra. Se retuvo la ayuda financiera hasta que se formara un nuevo gobierno, tras las elecciones israelíes el 28 de enero de 2003, y hasta se negó cuando comenzó la guerra de Irak. Se retenía para obligar a Israel a "arriesgarse valientemente por la paz", como lo diagrama la "Hoja de Ruta".

En ese momento, el Estado de Israel votó a favor del gobierno Likud, que se opone a un Estado Palestino. El ex Primer Ministro Benjamin Netanyahu (actual Ministro de Hacienda), Ehud Olmert, ex alcalde de Jerusalén (actual Viceprimer Ministro) y Natan Sharansky, un miembro del gabinete que representa al millón de judíos rusos de Israel, se oponen con vehemencia a un estado de la OLP. Muchos creen que el retener esta ayuda económica fue un intento de obligar al Primer Ministro Ariel Sharon a dejar de lado al gobierno Likud y formar un gobierno de coalición con el Partido Laborista.

El Partido Laborista consiste principalmente de liberales que no creen en la Biblia y que aceptarán un estado palestino. Este fue el mismo partido que estaba dispuesto a aceptar el plan de dividir a Jerusalén (otro ejemplo de teología de sustitución presentado por el ex presidente Bill Clinton). Este partido ahora aceptó el plan del Cuarteto que requiere un estado palestino y que Israel se retire a sus fronteras anteriores a 1967 dentro de tres años. Shimon Peres, del Partido Laborista de Israel dijo "Aprobamos el papel del Cuarteto".[9] Nuevamente, esto significaría la división de Jerusalén.

Rusia, la Unión Europea, China, las Naciones Unidas y el mundo árabe han expresado su apoyo a esta "Hoja de Ruta", pero en realidad depende de los Estados Unidos encabezarlo y convencer a Israel de su validez.

Según fuentes de Jerusalén, el pequeño Israel acepta la "Hoja de Ruta" en principio, pero tiene ciertas reservas, unas 15. Es difícil para Israel no aceptar la "Hoja de Ruta" en principio, habiendo 10 mil millones de dólares en juego, además de provocar la ira de prácticamente todo el mundo. Esto es porque, si hay una cosa que Israel ha aprendido tras sus aflicciones pos-Oslo, es que no puede darse el lujo de realizar concesiones unilaterales. Si va a haber algo realmente nuevo en el "Nuevo Medio Oriente" post-Saddam, será un regreso al regateo tradicional del Medio Oriente: Un *quid* israelí por un *quo* palestino.

El Nuevo Medio Oriente no evolucionará en respuesta a una resolución del Consejo de Seguridad ni a una campaña de relaciones públicas de la Comunidad Europea. No es el proverbial omelet diplomático que se puede preparar con sólo partir los huevos. Es cierto que deben ser partidos, pero, esto debe ocurrir desde adentro, así como cuando nace una nueva vida.

> *La única "Hoja de Ruta" para la paz es la Biblia*

La única "Hoja de Ruta" para la paz es la Biblia. Hace años en la Casa Blanca, el entonces Consejero Nacional de Seguridad me dijo que el estatus de Jerusalén debe ser determinado por las negociaciones. Respondí "Dios no reconoce su falta de reconocimiento. Él no va a negociar con usted ni con nadie".

En su kibbutz, antes de su muerte, el Primer Ministro de Israel, David Ben-Gurion, me dijo que una vez los británicos le habían dicho "El Mandato Británico será tu Biblia". Él respondió "Mi Mandato será la Biblia".

También recuerdo compartir las Escrituras y orar con el Primer Ministro Yitzhak Rabin en su oficina en 1993, y luego asistir a su funeral de estado, tras su "valiente apuesta por la paz" la cual se le impidió costándole la vida. Mientras estaba de pie, junto a la tumba de este gran hombre de Israel, una gota de sudor rodó por la cara de Bill Clinton. No era grande, apenas perceptible. De hecho, si uno no estaba fijándose bien, nunca la habría visto, pero ahí estaba, resplandeciendo en el sol de la tarde, una gotita rodando por la frente del hombre más poderoso de la tierra. La cara tampoco era igual que sus populares imágenes. Las expresiones cuidadosamente preparadas no estaban. En vez de eso, la cara del presidente lucía abatida, cansada.

Miré al otro lado, y cuando Edward Kennedy arrojaba tierra de las tumbas de sus hermanos, John y Robert, le temblaba la mano. Este hombre, el poderoso senador demócrata liberal de Massachussets, con un apellido de la realeza estadounidense, se veía consternado.

El ex presidente de los Estados Unidos, George H. W. Bush estaba parado allí, el hombre que había peleado valientemente la Guerra del Golfo en 1991, lucía pálido. El ex presidente Jimmy Carter se veía más viejo y frágil que nunca.

Cuarenta y cuatro congresistas de los Estados Unidos estaban de pie cerca, con expresiones consternadas. Ochenta y seis líderes mundiales de todo el globo estaban allí, con expresión lúgubre, mostrando todos en sus rostros algo que las cámaras de televisión no vieron, ni sobre lo cual los periódicos escribieron.

Mientras observaba el funeral del Primer Ministro Israelí caído, Yitzhak Rabin, la gente más poderosa del mundo esperaba al unísono, con expresión de impotencia.

Alrededor de la tumba había gente que resistieron intentos de golpes de estado, se habían plantado con valor contra la opinión pública, habían sobrevivido a implacables ataques de los medios de comunicación, habían mirado en los ojos a la guerra nuclear y no se habían inmutado. Algunos de estos hombres y mujeres prácticamente tenían el dedo en el botón que podría desencadenar la guerra nuclear mundial y una devastación de proporciones sin precedentes, que escapa a la imaginación de los más tétricos escritores de ficción.

Los dignatarios reunidos controlaban a diario economías que se expresan en trillones de dólares. Cada día tratan con presiones de las que la mayoría de la gente del planeta sólo tiene agobiantes pesadillas.

Prácticamente con chasquear sus dedos, los líderes mundiales reunidos podían ordenar a millones de soldados a la batalla, y podían envolver a todo el orbe a guerra en cuestión de horas. Han enfrentado escándalos, intentos de asesinato, ataques terroristas y desastres naturales. Pero cuando observaba a los hombres y mujeres poderosos, mirando impotentes la tumba de Yitzhak Rabin, vi comisuras de labios que temblaban, ojos que se contraían nerviosamente, sudor rodando, y manos que temblaban.

He estado en docenas de funerales a través de los años a medida que judíos han muerto realizando su valiente apuesta por la paz. Ahora sé por qué el pasaje más breve de la Escritura es *"Jesús lloró"*. Él debe estar llorando ahora. Piensen en esto: si los Estados Unidos simplemente hubieran reconocido a Jerusalén como la capital de Israel y sus fronteras, luego de que el mundo árabe se preparó para atacarla en 1967, los árabes de Israel vivirían mejor que ningún árabe del Medio Oriente. No habría un estado palestino, que fue un invento para acomodar a un terrorista egipcio llamado Arafat que no pudo encontrar una forma de establecer una base militar para hacer el terrorismo en Israel. Él fue expulsado de Jordania, Siria y del Líbano porque sólo sabía destruir países, no construirlos.

Necesitamos creer en toda la Biblia. Es así de simple, la cual incluye la historia de la Tierra Prometida y los Diez Mandamientos, especialmente el que dice *"No matarás"*.

Política o profecía?

¿Pueden los Estados Unidos seguir otro mandato y tener éxito?

Los Estados Unidos deben ser muy cuidadosos al transitar por este camino, hay muchas esquinas abruptas y caminar por sus bordes podría llevar a circunstancias mortales y explosivas, si no para nosotros, definitivamente para Israel. Como Dios le dijo a Abraham:

"Bendeciré a los que te bendigan, y a los que te maldigan maldeciré. Y por medio de ti serán benditas todas las familias de la tierra".

Génesis 12:3

No podemos darnos el lujo de darle la espalda a Abraham y a sus descendientes. Como estadounidenses, ¿podemos mantener nuestra fe y no apoyar y proteger a Israel en este proceso? Mi respuesta sería un rotundo "¡No!" Debemos hacerle saber a nuestro presidente que comprometer la seguridad y la existencia de Israel en este proceso no es aceptable; debemos orar por sabiduría en nuestro gobierno y para proteger la paz de la ciudad de Jerusalén. Lo fundamental es que el hombre propone y Dios dispone. Si los Estados Unidos pierden la bendición de Dios, entonces la guerra contra el terrorismo estará perdida, sin importar cuánto nos esforcemos.

> *Debemos orar por sabiduría en nuestro gobierno y para proteger la paz de la ciudad de Jerusalén.*

"Y no confiemos sólo en nuestro esfuerzo humano, sino que humildemente, reconozcamos el poder y la bondad de Dios omnipotente, quien preside sobre el destino de las naciones, y quien en ocasiones se ha revelado en la historia de nuestro país; invoquemos Su ayuda y Su bendición en nuestros esfuerzos".

Grover Cleveland

9
¿QUE LE ESPERA A LOS ESTADOS UNIDOS?

"Aquellos que no recuerdan el pasado están condena-
dos a repetirlo"

George Santayana[1]
Life of Reason, Reason in Common Sense
(La vida de la razón, la razón en el sentido común)

En octubre del 1991, una conferencia sobre la Paz del Medio Oriente fue convocada en el Palacio Real de Madrid en España. Cuando el entonces Secretario de Estado James Baker concluyó sus comentarios le pregunté: "¿Porqué no pueden, los Estados Unidos, reconocer a Jerusalén como la capital de Israel?". Baker se enfureció con mi pregunta y dijo que no se permitiría implicarse en un debate estéril: el estatus de Jerusalén se determinará a través de las negociaciones.

Hoy en día los Estados Unidos no reconoce a Jerusalén como la capital de Israel.[2] Esto es un grave error. He vociferado esta advertencia desde la Casa Blanca en Washington al Palacio Real en Madrid. Les he dicho "Dios no reconoce su postura de no reconocer a Jerusalén".

Luego, en la misma conferencia, me quedé atónito al mirar los ojos del Presidente George H. W. Bush. A Israel no se le permitió unirse a la coalición de la Guerra del Golfo de 1991 debido a que todas las naciones árabes antisemitas se opusieron. Nuestro Presidente también le pidió a Israel que no tomara represalia por los 39 ataques con mísiles SCUD cuando fueron bombardeados. Ellos honraron su solicitud. Por su cooperación fueron recompensados con el congelamiento de un compromiso de préstamo por valor de diez mil millones de dólares, que sería usado para la construcción de viviendas para refugiados que en su mayoría eran judíos rusos. Los enemigos de Israel fueron nuevamente apaciguados cuando Israel fue obligado a dar tierras a cambio de paz, una paz que nunca ha llegado. Históricamente los Estados Unidos han sido el aliado más cercano a Israel, pero el encanto del petróleo de la OPEP ha ido erosionando la dedicación estadounidense a esa alianza.

Los Estados Unidos le dio a Siria mil millones de dólares, los cuales Síria utilizó para comprar mísiles a Corea del Norte. Muchos de esos mísiles están en el Líbano y por ende en manos de la organización terrorista Palestina Hizbullah, y están apuntados a las ciudades de Israel.

Como nación, estamos en una situación extremadamente delicada. Tornarnos contra Israel es tornarnos contra la niña de los ojos de Dios.

> *"...porque el que os toca, toca a la niña de su ojo. (Sión) Porque he aquí yo alzo mi mano sobre ellos, y serán despojo a sus siervos, y sabréis que Jehová de los ejércitos me envió".*
>
> Zacarías 2:8-9 (paréntesis del autor)

Los Estados Unidos estamos atrapados en la mira de nuestra propia indecisión. Si cambiamos nuestra postura histórica, y nos volvemos contra Israel, estaríamos halando el gatillo. Dios nos libre de ser quienes inician la guerra entre Babilonia, el Irak del Apocalipsis, y Jerusalén que eventualmente terminará con el fin de los tiempos, y para colmos, que nos encontremos del lado de Babilonia para la batalla final.

Debemos mirar hacía atrás para poder ver hacia delante

El mundo realmente no ha cambiado desde el 11 de septiembre. Lo que ha pasado es que los Estados Unidos entró en un mundo que antes había escogido ignorar. Dado su historia, Israel sabía que un día algo como lo ocurrido sucedería. Inclusive trataron de advertirnos pero descartamos su consejo. Es tiempo que abramos nuestros ojos a la verdad.

La Operación Libertad Iraquí no terminará con la victoria en Bagdad. Tomará años para estabilizar a Irak y eso no sucederá sin oraciones, de no ser así, al pasar el tiempo despertaremos en otro Líbano. ¿Cuál es el mejor curso para el futuro inmediato? Probablemente la clave del futuro son los eventos del pasado reciente del Medio Oriente.

> *La Operación Libertad Iraquí no terminará con la victoria en Bagdad*

Cuando termine la guerra en Irak y las cosas comiencen a normalizarse, los terroristas musulmanes echarán el mismo fundamento explosivo que pusieron en el Líbano en la década de los setentas. Células subterráneas se formarán, armas y municiones serán almacenadas y terroristas, armados con lo que encuentren ya sean armas convencionales o de destrucción masiva, atacarán a cualquier soldado foráneo pero particularmente si son estadounidenses.

"si se humillare mi pueblo, sobre el cual mi nombre es invocado, y oraren, y buscaren mi rostro, y se convirtieren de sus malos caminos; entonces yo oiré desde los cielos, y perdonaré sus pecados, y sanaré su tierra".

2 Crónicas 7:14

Un Irak democrático y libre es una amenaza profunda a las estructuras de "corporaciones familiares" que es común a la mayoría de los gobiernos islámicos del Medio Oriente. El poder en manos del pueblo es antagónico a toda dictadura. Si las personas no son oprimidas, no serán fácilmente controladas. Tan ciertamente como los aplausos que recibieron los soldados británicos al entrar a la ciudad de Basara marcaron el fin de la influencia de Saddam allá, los dictadores saben que su poder se mantiene por la bala y no por el voto. Los gobiernos islámicos temen el arma más potente, el bombardero económico antirradar que inspira la democracia. Esta arma produjo el colapso de la antigua

Unión Socialista Soviética y de Europa Oriental. Los dictadores saben que tiempos drásticos demandan medidas drásticas para mantener sus dictaduras. La mayoría de ellos le darán una señal sutil a sus cleros islámicos fundamentalistas.

Tomando los corazones y las mentes

La primera columna de la república estadounidense, consagrada en su constitución, es la libertad de cultos. Al pasar los años los estadounidenses hemos lentamente adoptado la idea de que lo importante es que creer en algo, y que todas las creencias y estructuras de adoración son "buenas". Propiamente dicho, es mejor tener algún estándar moral que no tener ninguno. Tenemos que despertar a la realidad de que no todas las religiones son buenas, algunos preparan a sus adherentes a matar.

Por esta razón los Estados Unidos necesitan someterse a un programa de reeducacion, que dado a sus estatutos, no pueden asumir. Hoy en día la libertad de cultos consagrada en la constitución se asemeja mas a estar libre de cultos según la interpretación moderna de esa libertad. El gobierno estadounidense no ofrece nada a cambio del odio ni podrá cambiar los corazones que el wahabismo a criado. El secularismo es una mejor respuesta política que el terrorismo, pero las consecuencias, en un sentido espiritual, son casi idénticas. Para imponer una democracia secular, los Estados Unidos tendrán que derrocar a una teocracia islámica. La alternativa verdadera es que los santos, revestidos de oración, tomen el frente de la batalla. En la victoria estadounidense en Irak, pudiéramos estar viendo la misma oportunidad que se vio a la caída de la Unión Soviética Socialista. Tenemos que comprender que las victorias no se ganan en el reino físico hasta que no se ganen en el reino espiritual, con la

Podemos liberar sus tierras, pero sólo Dios puede liberar sus corazones.

oración. Toda batalla que no se gana en lo espiritual se pierde en el reino físico. Podemos liberar sus tierras, pero sólo Dios puede liberar sus corazones.

La caída de Hussein no es la caída del terrorismo

Irak no es el único estado que apoya al terrorismo, aunque si el mas abierto. Si el pueblo de Dios dedicado a la oración se queda dormido, la furia islámica fundamentalista encenderá el leño seco del terrorismo y esto bien podría convertirse en una Tercera Guerra Mundial.

No dudo que la Guerra Contra el Terrorismo pueda transformarse en una "guerra santa" entre el oriente y le occidente, pero no estoy convencido que esto sucederá. Las profecías bíblicas se cumplirán, nuestras oraciones no podrán cambiar eso, pero si pueden afectar como nos acercamos a esos tiempos y como los atravesamos. Esto no es la etapa del Armagedón, ni tampoco lo fue el 11 de septiembre pero lamentablemente los cristianos estadounidenses que oran estaban dormidos cuando las alarmas de alerta sonaron antes del 11 de septiembre.

Las palabras de Alfred Lord Tennyson son tan ciertas hoy como en el día que fueron habladas: "más cosas se logran por la oración de lo que el mundo se pudiera imaginar".

Este libro es un llamado a la acción. Las palabras de Sir Winston Churchill resuenan en mis oídos: "nunca te rindas, nunca, nunca, nunca, nunca — en nada sin importar cuan grande o pequeño, enorme o insignificante — nunca te rindas con excepción de la convicción del honor y el buen sentir". Los ataques terroristas pueden sacudir el fundamento de nuestros edificios mas altos, pero no pueden sacudir los fundamentos de un pueblo estadounidense que ora. Sus ataques podrán torcer el acero, pero no podrán torcer el corazón de un niño que se resiste a ceder. Hay un reino de tinieblas que debe ser derrocado; hay leones cuyas bocas hay que cerrar; hay llamas de temor que hay que extinguir

¡y podemos hacer estas cosas! Este libro es una apelación a los que tienen convicciones morales. Póngase firme, hable y ore.

Al principio del libro cité que en las paredes del edificio de la CIA se encuentran estas palabras *"y conoceréis la verdad y la verdad os liberará"*. Mi oración es que Dios grabe esas palabras en nuestros corazones.

Muchos piensan que porque la Biblia dice que el fin se acerca, debemos resignarnos y permitir que llegue. Esta no es la actitud correcta y confunde completamente el propósito del corazón de Dios. Así como individuos tenemos el libre albedrío de seguir a Dios o no, las naciones también. Posiblemente estemos en camino directo al Armagedón pero antes vendrán otros eventos, de acuerdo a las profecías el Armagedón aún está distante. Sin la oración la batalla verdadera contra el terrorismo no puede ser ganada. Esta batalla no terminará en Irak. No hay duda de que los horrores que pudieron haberse dado en Irak no se vieron. Esto no se debió únicamente al genio militar, sino al poder de la oración. Una batalla fue librada y ganada en lo celestial. Esta batalla debe ser librada para la seguridad de las tropas y por Israel.

La guerra no ha terminado, acaba de comenzar. Debemos orar por nosotros y nuestras naciones en estos tiempos difíciles. Jesús aconsejó esto:

> *"Y cuando oigáis de guerras y de sediciones, no os alarméis; porque es necesario que estas cosas acontezcan primero; pero el fin no será inmediatamente. Mirad también por vosotros mismos, que vuestros corazones no se carguen de glotonería y embriaguez y de los afanes de esta vida, y venga de repente sobre vosotros aquel día. Porque como un lazo vendrá sobre todos los que habitan sobre la faz de toda la tierra. Velad, pues, en todo tiempo orando que seáis tenidos por dignos de escapar de todas estas cosas que vendrán, y de estar en pie delante del Hijo del Hombre".*
>
> Lucas 21:9,34-36

Pensando en esto, no creo que tenemos que entrar en guerra abierta con todas estas naciones. Todavía tenemos una baraja de gran valor, y el control de Irak nos da otro as. Podemos jugar el mismo juego que acabó con la antigua Unión Soviética Socialista, la de presión económica. Tanta la Unión Soviética Socialista y Europa Occidental cayeron cuando la palanca oculta de la presión económica fue aplicada. Los "imperios malvados" colapsaron como una casa de naipes.

Proverbios 15:32 dice, *"...Pero la riqueza del pecador está guardada para el justo".* Debajo del suelo iraquí yacen más de 112 mil millones de barriles de petroleo. Es la reserva de mayor volumen tras el de Arabia Saudita. También tiene más de 110 Trillones cúbicos de gas natural (según reportes de la Administración de Información Energética estadounidense). Un control estadounidense de ese petróleo pudiera quebrar el cartel y desplomar el precio por barril de treinta dólares el barril a diez dólares por barril. Esto acabaría con naciones islámicas pro-terroristas que son ricas en petróleo. También pudiera producir un crecimiento económico sin precedentes. Las dictaduras árabes, que fundamentan sus riquezas con petróleo, tendrán dos opciones: cooperar con la guerra contra el terrorismo o ir a la quiebra. A pesar de la amenaza terrorista que presenta la región, Irak sigue siendo una ubicación estratégica para combatir a los otros estados terroristas. Su frontera con Iran es un ejemplo de esto. Una vez que el ejército de los Estados Unidos haya establecido firmemente un centro de comando militar en Irak, los estados terroristas estarán sufriendo de pánico a cada minuto. Consecuentemente, creo, que se ejercerán todas las presiones posibles para avergonzar y humillar a los Estados Unidos, especialmente en el 2004 que es un año electoral. En una reunión con Isser Harel, seis meses antes de que Reagan fuera elegido presidente, le pregunté a Harel, "¿Quién piensas que será presidente... Jimmy Carter o Ronald Reagan?" Él sonrió y me dijo, "Esa decisión probablemente será tomada por los poderes del Medio Oriente, y no en los Estados Unidos".

Lo miré confundido sin entender del todo su comentario. Harel continuó, "Mike, si los islámicos fundamentalistas que controlan su embajada en Irán liberan a los rehenes, la presidencia de Carter probablemente se salvará y Reagan perderá. Sin embargo tengo un fuerte sentir que esto no sucederá... Ellos piensan que Reagan es un actor y no presenta amenaza para ellos. Al momento que levante su mano para realizar el juramento, ellos liberarán a los rehenes".

Habrá un gran intento de presionar al Presidente para que retire sus fuerzas de Irak. Le aconsejarán que entregue a Israel al nuevo orden mundial, y que le dé a la OLP su "justa" parte de las tierras bíblicas incluyendo a Jerusalén. Los expertos en imagen le dirán al Presidente has sido un presidente de guerra. "Olvida a Siria e Irán por ahora, proyéctate a ti mismo como un presidente de paz. Enfócate en Israel y los palestinos. No te olvides de aquel que le gritó a tu padre: 'estúpido, es cuestión de la economía'". Si esto sucede, los Estados Unidos pudiera perder la guerra contra el terrorismo y el Presidente Bush no será electo a un segundo período. Tenemos que orar por el Presidente Bush, y pedir que él se dé cuenta que para que nuestra nación sea bendecida debemos apoyar a Jerusalén. También debemos orar para que tenga la fortaleza de resistir las presiones de entregar esas tierras.

Las células terroristas anidan en lo secreto y necesitan el dinero y patrocinio del estado para sobrevivir. Todo esto pudiera cambiar con un Irak libre y democrático.

Hay otro factor a considerar. Alemania democrática eligió a uno de los líderes más locos y peligrosos que el mundo jamás haya visto, Adolfo Hitler. Si la democracia llega al estado moderado de Arabia Saudita, y todos pueden ejercer el voto, los cleros wahabi y las masas prevalecerán y Osama bin Ladden será electo presidente por un amplio margen. ¿Cómo será la democracia iraquí? Si la verdadera democracia prevalece sesenta y cinco por ciento del pueblo son shiitas. Una democracia le daría la oportunidad a los shiitas islámicos para gobernar la nación.

Desde la revolución islámica de 1979, los líderes religiosos iraníes han definido las líneas del islamismo shiita para más de 120 millones de seguidores mundialmente. Irán hará lo mismo en Irak. Por un periodo de más de 1300 años Najaf fue el centro del mundo shiita. El yerno del profeta Mahoma, Alí, el fundador de su fe, está enterrado allá. Su reconocida mezquita sigue siendo un punto de peregrinaje importante para sus seguidores. Hay cinco Imams que también están enterrados en otras ciudades iraquíes incluyendo a su hijo, Hussein, cuya muerte en batalla ha levantado el culto de los mártires entre los shiitas. Los cleros shiitas creen que son tan representantes de Dios en la tierra como el Papa, y usarán su poder para demostrarlo.

Tenemos que estar seguros de que no hemos reemplazado el régimen de Saddam con algo peor, ni que hayamos dejado el escenario listo para la guerra civil. Una guerra no puede ser ganada parcialmente. El vencedor se determina en la última batalla. Tenemos el deber de ver esta guerra concluida para no tener que enfrentarnos a algo peor la próxima vez que tengamos que combatir el terrorismo.

Necesitamos la sabiduría de Dios para nuestros líderes

No quiero proponer estas posibilidades como las soluciones. Este libro no es una palabra de parte de Dios acerca de cómo debemos llevar a cabo la Operación Libertad Iraquí, o la Guerra Contra el Terrorismo. Si es un llamado a volvernos a Dios, al arrepentimiento y a la oración. Sin la dirección de Dios presiento un desastre para nuestra nación y nuestro mundo. Por mi parte, no estoy dispuesto a permitir que eso suceda. De ahí nace la pasión que me llevó a escribir este libro y a formar el ministerio del Equipo de Oración por Jerusalén.

Tenemos tantas promesas en la Biblia de lo que ocurrirá si el pueblo de Dios se vuelve a El en oración, que no pudiera enlistarlas en este libro por razones de espacio. Sólo tiene que abrir su Biblia y las verá. Le dejo con una de esas promesas:

"Y si alguno de vosotros tiene falta de sabiduría, pídala a Dios, el cual da a todos abundantemente y sin reproche, y le será dado".

Santiago 1:5

En estos tiempos necesitamos la sabiduría de Dios más que en cualquier otro tiempo de nuestra historia. Es tiempo de arrodillarnos y estar sobre nuestros rostros e ir tras ella.

10

LA LLAMADA DESPERTADORA DEL CIELO: ¡PREPARANDONOS PARA LA VENIDA DEL SEÑOR!

> *"Así también vosotros, cuando veáis que suceden estas cosas, sabed que está cerca el reino de Dios... Velad, pues, en todo tiempo orando que seáis tenidos por dignos de escapar de todas estas cosas que vendrán, y de estar en pie delante del Hijo del Hombre".*
>
> Lucas 21:31,36

¿Puede ganarse la guerra contra el terrorismo mientras el pueblo de Dios duerme? ¡No! ¡Mil veces NO! El 11 de septiembre se planeó, se luchó y se ganó incluso antes de que sucediera. Los estadounidenses temerosos de Dios dormían en sus puestos mientras los demonios trabajaban diligentemente. El 12 de septiembre nos levantamos, nos estremecimos y empezamos a clamar a Dios. Pero pronto nos volvimos a quedar dormidos a las pocas semanas.

Estoy seguro de que los judíos en Jerusalén estaban igualmente consternados el 16 de marzo de 587 a.C., cuando Nabucodonosor sitió su capital, y fueron arrastrados a la cautividad junto con los artículos saqueados del Santo Templo. A propósito, el 16 también fue el día en que Bush y Blair anunciaron al mundo que habría una guerra en unos días si la ONU no podía lograr que Saddam se sometiera a sus resoluciones.

Hay una guerra entre la luz y las tinieblas. La batalla no comenzó el 11 de septiembre. Había sido planeada años antes. Si los ojos de la Iglesia hubieran estado abiertos, tal vez se habría podido librar y ganar la batalla con oración antes del 11 de septiembre. Los 19 hombres que ejecutaron este plan demoníaco debieron haber sido inspirados y dirigidos por un período de tiempo. Estoy seguro de que los ataques terroristas de hoy en día no son la voluntad profética de Dios para nuestro tiempo, sino que son la voluntad del infierno. La oración no es la *mejor* respuesta sino la *única* respuesta. La oración no es el *último* recurso, sino *el único* recurso.

Muchos de nosotros, nos retiramos diariamente sin darle mucha importancia a las imágenes que mostraban a nuestras tropas en los frentes de batalla de la Operación Libertad Iraquí cada noche, pensando que ellos se encargarían de resolver este asunto. El hecho es que tenemos un frente de batalla propio que asegurar, y la batalla debe ser librada sobre nuestras rodillas y rostros ante Dios. El ejército estadounidense debe luchar por nuestra libertad, pero depende de los estadounidenses temerosos de Dios luchar por las vidas de nuestros soldados y para que la paz que ellos obtengan perdure.

En el Antiguo Testamento, la palabra atalaya se usa a menudo para los que realizaban oraciones de intercesión por su pueblo. De la misma forma en la que un atalaya de una ciudad está de pie junto a la puerta para advertir al pueblo de un enemigo que entra y ser la primera línea de defensa, los guerreros de la intercesión son la primera línea de defensa espiritual de nuestras naciones y comunidades. ¿Qué pasa cuando los atalayas no hacen su trabajo?

> *¿Qué pasa cuando los atalayas no hacen su trabajo?*

"Pero si el atalaya viere venir la espada y no tocara la trompeta, y el pueblo no se apercibiere, y viniendo la espada, hiriere de él a alguno, éste fue tomado por causa de su pecado, pero demandaré su sangre de mano del atalaya".

Ezequiel 33:6

La Llamada Despertadora del Cielo:
¡Preparandonos para la venida del Señor!

Sí, de muchas maneras la sangre de los muertos en ataques suicidas está en nuestras manos, de la misma forma que la sangre de los cristianos estaba en las manos de Pablo. ¿Entonces, qué hizo Pablo al respecto? ¿Qué dijo?

"Por tanto, yo os protesto en el día de hoy, que estoy limpio de la sangre de todos; Porque no he rehuido anunciaros todo el consejo de Dios".

Hechos 20:26-27

Pablo se declaró sin pecado, porque se apartó de su carácter asesino a un carácter de salvación! Se arrepintió y siguió a Dios. ¡Debemos apartarnos de la apatía e involucrarnos en la oración constante de la misma manera! Debemos llegar ante Dios e implorar el cumplimiento de Sus promesas!

El ejemplo de Daniel

En medio de la cautividad Babilónica de Israel, Dios le dijo a Su pueblo lo siguiente mediante el profeta Jeremías:

"...Cuando en Babilonia se cumplan los setenta años, yo os visitaré, y despertaré sobre vosotros mi buena palabra, para haceros volveros a este lugar. Porque Yo sé los pensamientos que tengo acerca de vosotros, dice Jehová, pensamientos de paz, y no de mal, para daros el fin que esperáis. Entonces me invocaréis, y vendréis y oraréis a mí, y yo os oiré; y me buscaréis y me hallaréis, por que me buscareis de todo vuestro corazón. Y seré hallado por vosotros, dice Jehová, y haré volver vuestra cautividad, y os reuniré de todas las naciones y de todos los lugares adonde os arrojé, dice Jehová; y os haré volver al lugar de donde os hice llevar".

Jeremías 29:10-14

¡Dios tenía un plan para su liberación desde antes que fueran al cautiverio! Pero la verdad es que pasaron setenta años y aún estaban en cautiverio. ¿Qué había pasado? ¿Se le había olvidado a Dios poner el despertador y se había quedado dormido, que no había liberado a su pueblo?

No. La respuesta es que, aunque Dios tenía un plan para su rescate, y hasta les había dado un programa para el mismo por medio de Jeremías, ¡no pasaría nada hasta que alguien se lo volviera a pedir a Dios!

El pueblo de Dios necesitaba un abogado en la tierra para que pidiera el cumplimiento de la Palabra de Dios. (Como dice Santiago 4:2: *"no tenéis, porque no pedís..."*)

En este caso, esa persona era Daniel:

En el año primero de Darío hijo de Asuero, de la nación de los medos, que vino a ser rey sobre el reino de los caldeos, en el año primero de su reinado, yo Daniel mire atentamente en los libros el número de los años de que habló Jehová al profeta Jeremías, que habían de cumplirse las desolaciones de Jerusalén en setenta años.

Y volví mi rostro al Dios el Señor, buscándole en oración y ruego, en ayuno, cilicio y ceniza.

Daniel 9:1-3

Cuando Daniel leyó la profecía de Jeremías 28:10-14 de que el tiempo del cautiverio duraría 70 años, debió haber contado rápidamente con los dedos para darse cuenta de que el tiempo se había cumplido. ¿Lo enojó esto contra Dios por el mal que les había hecho Babilonia? ¡No! Daniel se volvió al Señor y se arrepintió por los pecados de su nación, pidió perdón en su nombre y pidió que se cumpliera la Palabra y la voluntad de Dios con respecto a ellos. (Vea Daniel 9:4-19) A Daniel se le dijo que su oración había sido escuchada desde el momento en que había sido pronunciada, pero que el príncipe de Persia (un ser demoníaco mencionado en Efesios 6:12) se opuso a Gabriel por veintiún días. También se le dijo que el Arcángel Miguel se había unido a Gabriel en la lucha contra estos poderes demoníacos. (Vea Daniel 10:10-13)

¿Y cuál fue el resultado de la constancia en la oración de Daniel? ¡Israel fue liberado!

Daniel sabía que su tarea más importante era la oración. Esto le fue confirmado por la batalla en los cielos entre los demonios y los ángeles, entre el bien y el mal. La ciudad de Babilonia era una de las Siete Maravillas del mundo antiguo. Se le consideraba inexpugnable, pero Daniel, por el poder de la oración, pudo *"esforzarse y actuar"* (Daniel 11:32). Si Daniel pudo orar y hacer que poderosos ángeles fueran enviados a la batalla contra espíritus demoníacos, nosotros también. Como Daniel vivía en el imperio babilónico, es muy posible que "el príncipe de Persia", con el cual luchó en el espíritu, sea uno de los mismos espíritus con el que debemos luchar hoy. Independientemente de cuáles espíritus estén involucrados ahora o cuántos sean, el llamado del clarín es para que el pueblo temeroso de Dios salga de todas partes a militar en los puestos de batalla y luchar la guerra en oración. Al igual que los Estados Unidos fue obligado a llevar la guerra contra el terrorismo a los campos de batalla de las naciones que lo patrocinan, debemos llevar nuestra batalla al campo de batalla espiritual en el reino espiritual de los demonios que lo "patrocinan" también. ¡Debemos llevarle la batalla al enemigo!

¡Dándole la bienvenida al Rey!

"Pedid por la paz de Jerusalén;
Sean prosperados los que te aman.
Sea la paz dentro de tus muros,
Y el descanso dentro de tus palacios.
Por amor de mis hermanos y mis compañeros,
diré yo: La paz sea contigo.
Por amor a la casa de Jehová nuestro Dios,
buscaré tu bien".

Salmos 122:6-9

Cuando oramos por la paz de Jerusalén estamos diciendo: "¡Maranatha, ven, Mesías!"

Ciertamente el Mesías volverá, y vendrá a Jerusalén. Eso es algo en lo que, tanto los judíos, como los cristianos están de acuerdo. Como cristianos, creemos que conocemos Su nombre, mientras los judíos dicen que no. Pero no hay duda de que cuando venga el Mesías, todo el mundo sabrá Su Nombre.

En Mateo 24:3, los discípulos le pidieron a nuestro Señor: "Y estando Él sentado en el monte de los Olivos, los discípulos se le acercaron aparte, diciendo: *'Dinos, ¿cuándo serán estas cosas, y qué señal habrá de tu venida, y del fin del siglo?'* Él les dio claramente las señales que comienzan con la destrucción del Templo. En el versículo 2, Jesús profetizó que el Templo sería destruido piedra por piedra 40 años antes de que ocurriera. La higuera siempre ha sido un símbolo de la nación de Israel. En los versículos 32-36, Jesús estableció la señal principal de su regreso, y el fin de los tiempos sería la señal de la higuera. Esa "higuera" floreció el 14 de mayo de 1948 en cumplimiento de Isaías 66:8: *"¿Quién oyó cosa semejante? ¿Quién vio tal cosa? ¿Concebirá la tierra en un día? ¿Nacerá una nación de una vez?"* Jesús advirtió que no pusieran fechas "porque nadie sabría ni el día ni la hora". La generación que vio el florecimiento de la higuera no pasaría hasta que él viniera.

Fue en 597 a.C., en los días de Nabucodonosor en Babilonia, que Israel fue llevada en cautiverio. Desde entonces, la tierra de Israel ha cambiado de manos 26 veces, Ha sido arrasada cinco veces. Pero en 1948 la profecía de Mateo 24 estaba tocando a la puerta. La mayoría de las veces, se define a una generación como 70-80 años. Si una persona hubiera tenido 10 años en 1948, cuando se cumplió esta profecía, esa persona tendría 55 años en el momento de escribirse esto. No hay duda de que no sabremos ni el día ni la hora, pero Mateo 24 parece indicar que estamos muy, muy cerca del regreso del Mesías. ¡Con toda seguridad los eventos del Medio Oriente se están alineando con esta profecía!

Nuestra respuesta a la guerra que comenzó el 11 de septiembre seguramente tendrá repercusiones por toda la eternidad.

¡Tenemos una cita con el destino! Cuando apoyamos a Israel estamos apoyando a la única nación que fue creada por obra de Dios. Estamos declarando que la Biblia es verdadera, que Dios no es alguien que falta a sus promesas y que la concesión real de tierra hecha a Abraham y a su simiente a través de Isaac y Jacob fue un pacto eterno e incondicional.

Te bendeciré

Hay una razón egoísta por la cual deberíamos apoyar de todo corazón al pueblo judío y a su amado país, Israel, pero es una válida. Tras prometerle a Abraham que haría de su descendencia una gran nación, Dios le prometió: *"Bendeciré a los que te bendijeren"* (Génesis 12:3). Por supuesto, los descendientes de Abraham incluyen al pueblo árabe a través de Ismael y Esaú, y los cristianos tienen suficientes motivos para bendecir a los árabes hoy. Pero ya hemos visto que el pacto eterno de Dios fue transmitido a Isaac, Jacob y a las doce tribus de Israel. Esto significa que la bendición prometida por el Dios de Israel le tocaría de forma especial a los que bendijeran de forma especial al pueblo judío.

Dejar de hacerlo por ignorancia o el rechazo de apoyar a los judíos y su derecho a regresar a su antigua patria puede hacer que dejemos de recibir las bendiciones de Dios. Pero podemos hacer más que esto, también nos pone en peligro de ser maldecidos por nuestro Creador. Dios mismo advierte a la humanidad de este peligro: *"...Y a los que te maldijeren maldeciré"* (Génesis 12:3).

Al rechazar el derecho de los judíos de vivir en su tierra del pacto, y con ello ir contra la Santa Palabra de Dios, ¡muchos están disponiéndose para recibir la maldición! Por lo tanto, cualquiera que busque las bendiciones concedidas por nuestro Padre celestial debe asegurarse de que obedece Su orden de bendecir a su pueblo especial del pacto.

Como hemos visto, tanto en el Antiguo como el Nuevo Testamento dejan en claro que los cristianos deben apoyar a Israel en todo. Esto no significa que Israel y sus gobiernos han sido perfectos, de hecho son tan humanos e imperfectos como todo ser humano y con necesidad de la gracia de Dios.

Si nos tornamos contra Jerusalén perderemos la bendición de Dios y los Estados Unidos perderemos trágicamente la guerra contra el terrorismo.

Consolad a Israel

"Consolaos, consolaos, pueblo mío",
dice vuestro Dios".
"Hablad al corazón de Jerusalén; decidle a voces
que el tiempo es ya cumplido,
que su pecado es perdonado;
que doble ha recibido de la mano de Jehová
por todos sus pecados".

Isaías 40:1-2

Esta palabra profética es un mandato dado por Dios a los cristianos de ofrecer consuelo, ánimo y apoyo emocional y financiero a la sufriente Casa de Israel. Si este pasaje no es para los cristianos, entonces, ¿para quiénes es? Nación tras nación le ha dado la espalda al pueblo judío, y no podemos hacer lo mismo.

Dios dijo "¿A quién enviaré, y quién irá por nosotros?" Isaías exclamó "Heme aquí; envíame a mí". El Señor dice "Un millón de cristianos que oren pueden ganar la guerra que se libra ahora en las tierras bíblicas. ¡Despierten, hombres poderosos! ¡Despierten, mujeres poderosas! ¡Despierten, las Esteres y los Nehemías!

"...Más el pueblo que conoce a su Dios, se esforzará y actuará".

Daniel 11:32

Israel no nació en 1948, nació en el corazón de Dios y fue revelado a Abraham muchos años antes del nacimiento de Isaac. Dios hizo un pacto de sangre con Abraham de que la tierra de Canaán le sería dada a su simiente a través de Isaac. (Vea Génesis 15:18.) Como parte de esa visión, Dios le dijo a Abraham que por 400 años su simiente sería extranjera en una tierra que no les pertenecería. (Ver Génesis 15:13.) La simiente de Abraham y de Isaac pasó 400 años en Egipto antes de que Moisés los sacara, e Israel, la nación, nació. La palabra "eterno" no tiene nada de temporal ni de condicional. Significa claramente "que dura para siempre". Y aunque los judíos se encuentran hoy en América del Norte y del Sur, Australia, Rusia, Europa, muchas partes de Africa, y prácticamente todos los demás continentes de la tierra, su centro histórico, espiritual y físico ha sido y será siempre la Tierra Prometida de Israel. El pacto eterno de Dios con los descendientes de Abraham caracterizaron la promesa de darles la tierra de Israel como posesión eterna. Esto está registrado en el primer libro de la Biblia.

"Y estableceré mi pacto entre mí y ti, y tu descendencia después de ti en sus generaciones, por pacto perpetuo, para ser tu Dios, y el de tu descendencia después de ti. Y te daré a ti, y a tu descendencia después de ti, la tierra en que moras, toda la tierra de Canaán en heredad perpetua; Y seré el Dios de ellos".

Génesis 17:7-8

¡Él suscitará intercesores!

"Sobre tus muros, oh Jerusalén, he puesto guardas; todo el día y toda la noche no callarán jamás. Los que os acordáis del Jehová, no reposéis, ni le deis tregua, hasta que restablezca a Jerusalén, y la ponga por alabanza en la tierra".

Isaías 62:6-7

Nada es más importante que la oración. Dios no hará nada sin la oración. La oración es el combustible que mueve el motor de la humanidad.

Cuando Jeremías profetizó al pueblo judío durante su cautiverio en Babilonia, se le dio esta promesa. Los judíos fueron liberados finalmente del cautiverio, e Israel volvió a nacer.

"Clama a mí, y yo te responderé, y te enseñaré cosas grandes y ocultas, que tú no conoces".

Jeremías 33:3

En Babilonia, Daniel se negó a obedecer el decreto del rey. El rey había decretado que nadie podía hacerle ninguna petición a ningún dios ni a ningún hombre por treinta días. Pero Daniel, quien oraba tres veces al día (Ver Daniel 6:1-23), siguió orando igual que lo había hecho antes del decreto. El Dios de Daniel honró a Daniel y cerró la boca de los leones en el foso de los leones. Las oraciones de Daniel prevalecieron en medio del cautiverio de Israel en Babilonia. ¡Las tinieblas huyen cuando oramos! Los demonios tiemblan cuando oramos. El cielo se mueve, y los ángeles reciben encargos cuando oramos. La oración afecta tres reinos: El Divino, el angélico y el humano. Sin ella, los demonios reinan sin oposición (ver Efesios 6). No podemos establecer contacto con Dios sin la oración. Si no establecemos contacto con Dios, no importa lo sinceras que sean nuestras intenciones, no veremos un cambio en las circunstancias de la vida. Dios tiene atalayas sobre el muro. Los llamamos las Esteres y los Nehemías...miembros del Equipo de Oración por Jerusalén... gente como Corrie ten Boom, y creemos que hay gente como usted. El mundo se ha estado rascando la cabeza tratando de encontrar una respuesta a la crisis de la tierra bíblica. Esa respuesta está en sus manos y en las mías, ¡sólo tenemos que juntarlas para obtenerla!

Suenen la Trompeta

¡Es hora de que los cristianos se levanten y toquen la trompeta! La Iglesia debe volver a su primer amor. Debemos levantarnos en la brecha, pagar el precio y convertirnos en atalayas sobre el muro. La Biblia está llena de historias de creyentes que triunfaron en la oración y en las que el Señor gana las batallas. Usted y yo podemos vencer también. La hora está avanzada, pero no es demasiado tarde para ponerse en la brecha! Si la oración fue el arma más efectiva para Daniel, entonces la oración ¡debe ser nuestra prioridad ahora! Verdaderamente, los Estados Unidos están en guerra. Pero si los cristianos que creen en la Biblia claman como lo hizo Daniel, entonces la boca del león se cerrará, el fuego del horno se apagará, y habrá un "Cuarto Hombre" caminando entre nosotros tal como caminó con Sadrac, Mesac y Abednego. Podemos sentir soplar con fuerza los vientos del

La Llamada Despertadora del Cielo:
¡Preparandonos para la venida del Señor!

Armagedón en nuestras caras hoy. El humo de la Gran Tribulación está crepitando en la nariz de todos los estadounidenses. El destino de nuestra nación está en juego. La pregunta es clara: ¿Se levantará usted, poniéndose la armadura de Dios y hará su parte en librar la guerra de los Estados Unidos? ¡Las esperanzas de los Estados Unidos residen en los que no comprometerán los principios morales ni los valores bíblicos, sino que se comprometerá a sí mismos con el poder de la oración!

El Equipo de Oración por Jerusalén

"Pedid por la paz de Jerusalén..."

Salmos 122:6

Tras sesenta y un días de ayuno y oración, Dios reveló a mi corazón la visión para el Equipo de Oración por Jerusalén. Este debía ser el sueño y el equipo de Dios. Después que oí del Cielo, volé en avión a Jerusalén para reunirme con el Alcalde Ehud Olmert y compartir con él la visión del Equipo de Oración por Jerusalén. Quedó muy impresionado, y voló a Dallas en junio de 2002 para inaugurar este movimiento de oración. El Dr. Franklin Graham, Dr. Jerry Falwell, el ex Primer Ministro Benjamin Netanyahu, el Representante Dick Armey, y el Gobernador Rick Perry eran algunos de los que participaron, ya sea por carta o por video. Cristianos de todos los Estados Unidos se han unido al Equipo de Oración por Jerusalén, muchos de ellos bien conocidos como el Dr. Tim LaHaye, el Dr. Pat Robertson, el Sr. Bill McCartney, el Dr. John Maxwell, el Sr. Pat Boone, la Srta. Kay Arthur, la Sra. Anne Graham Lotz, el Rev. Joyce Meyer, el Dr. Jerry Falwell, el Rev. Tommy Tenney, el Dr. Jay Sekulow, el Dr. Adrian Rogers, el Dr. John Hagee, el Dr. Mac Brunson, el Dr. Jack Graham, el Rev. A. R. Bernard, el Dr. Stephen Olford, el Rev. Che' An, el Dr. Paul Walker, el Dr. John Kilpatrick, los Pastores Randy and Paula White, la Rev. Marilyn Hickey, más de 300 líderes nacionales de los Estados Unidos, y miles y miles de todo el mundo. El 11 de septiembre de 2001 fue un día trágico en la historia de los Estados Unidos. Fue una manifestación física de una batalla que había sido perdida hacía semanas, meses y posiblemente años, por falta de oración. Osama bin Ladden había atacado verbalmente por años a los Estados Unidos, pero la Iglesia dormía. Los poderes demoníacos que lo influenciaban necesitaban confrontarse violentamente con los santos ángeles en misión por el poder de la oración, como en tiempos de Daniel. Estoy seguro de que Dios ha levantado a los Nehemías y las Esteres de hoy, para hacer precisamente eso.

La visión del Equipo de Oración por Jerusalén es tener a un millón de intercesores orando cada día por la paz de Jerusalén de acuerdo con al Salmo 122:6; y que también hagan la plegaria del Rey David, quien declaró: *"Pedid por la paz de Jerusalén; sean prospe - rados los que te aman".*

El orar por la paz de Jerusalén no es orar por piedras o por polvo, estas no lloran ni sangran. Es orar por la protección de Dios sobre las vidas de los ciudadanos de Jerusalén. Es orar por el reavivamiento. Es orar para que la Gracia de Dios se derrame sobre las tierras bíblicas y en todo el Medio Oriente, una oración que los poderes demoníacos serán derrotados por los santos ángeles en una batalla que no puede ser vista con el ojo natural.

El pastor del abuelo de Corrie ten Boom fue a visitarlo y le dijo que su iglesia iba a orar por la paz de Jerusalén. Esto inspiró a la familia ten Boom a comenzar a orar semanalmente. Como presidente del Consejo de la Casa Corrie ten Boom en Haarlem, Holanda, hemos tomado la decisión de revivir esta tradición de oración de 100 años. Pedimos que un millón de cristianos se unan al Equipo de Oración por Jerusalén, y pedimos que 100,000 iglesias comiencen a orar semanalmente durante sus cultos dominicales por la paz de Jerusalén. ¿Le gustaría formar parte del Equipo de Oración por Jerusalén y animar a otros a hacerlo? Puede mandarnos un correo electrónico a jpteam@sbcglobal.net o escribirnos a: El Equipo de Oración por Jerusalén, P.O. Box 910, Euless, TX 76039.

La Llamada Despertadora del Cielo:
¡Preparandonos para la venida del Señor!

La Casa de Israel está en un estado de horror, como todos los hijos de las tierras bíblicas. Necesitan que el Señor les responda en su día de terror. Necesitan que el Dios de Jacob los defienda. Necesitan ayuda desde el Santuario, y fuerza de Sión. Ahora usted conoce mi oración personal, y cuándo comenzó. Creo que un millón de intercesores orando a diario, y 100,000 iglesias orando semanalmente por la paz de Jerusalén, moverán el Cielo y la tierra. Si usted orara diariamente, formando parte de la respuesta de Dios a esta oración, y de tocar el destino de la ciudad de David, entonces póngase en contacto conmigo escribiendo a: El Equipo de Oración por Jerusalén, P.O. Box 910, Euless, TX 76039.

La Casa Corrie ten Boom en Haarlem, Holanda, es el centro del Equipo de Oración por Jerusalén en esa nación. Desde allí, se anima a las iglesias de todas las naciones a orar cada Domingo por la paz de Jerusalén.

Corrie quisiera decirles a los judíos de los escondites "No se preocupen, los ángeles están alrededor de esta casa. Puede que usted no los vea, pero están ahí, protegiéndolos". Ni un judío de los que ellos protegieron fue capturado... hasta los que estaban en los escondites escaparon después de que los nazis vinieron a arrestar a la familia ten Boom.

A través de los años, un gran número de judíos estuvieron escondidos en la relojería, muchos sólo por unos días, rumbo a Palestina, para escapar de los hornos de Hitler. Cuando la Gestapo (la policía secreta alemana) hizo una redada en la casa, la familia ten Boom completa fue llevada prisionera.

"Fue la última vez que la familia ten Boom estaría junta...

Opa, sus hijos y un nieto. Cien años antes casi de la fecha, en 1844, su padre había comenzado un grupo de oración por 'la paz de Jerusalén'. Y ahora, aquí estaban, arrestados por Judenhilfe, ayudar al pueblo judío a escapar a la persecución de los nazis y a la muerte".[1]

Casper (de 84 años), Betsie (de 59) y Christiaan (de 24) murieron siendo prisioneros. Corrie sufrió la prisión, pero por un milagro, vivió para contar la historia. Cuatro judíos que nunca fueron atrapados escaparon milagrosamente a la seguridad. Aunque los nazis sabían que estaban allí, no pudieron encontrarlos.

Uno de los cuatro era un rabino judío que prometió que regresaría a cantar alabanzas a Dios. El 28 de junio de 1944, la familia ten Boom lo llevó a su casa. Su nombre era Meijer Mossel. Era el cantor de la comunidad judía de Amsterdam. Les dijo a los ten Booms, "Soy un chazzen (cantor). ¿Donde está mi Torah? ¿Dónde está mi Shul (sinagoga)? ¿Dónde está mi congregación? Los goyim (Gentiles) lo han arrasado todo. ¡Vinieron por los hijos de Sión! Mi único propósito en la vida es cantar alabanzas a Adonai, el Señor. Soy un Yehude, a Yid (uno que alaba a Adonai)".

En marzo de 1974 fue a la habitación de Corrie ten Boom, y con lágrimas de gozo que le corrían por el rostro, cantó en hebreo al Todopoderoso. La vida del rabino había sido salvada por el poder de la oración. Para su sorpresa, Corrie fue caminando a la relojería. Mientras bajaba las escaleras, Corrie estaba de pie, sonriéndole a Meijer Mossel. Ella acababa de regresar de la filmación de la película de Billy Graham, *El Escondite*.

Por casi 100 años, desde 1844 a 1944, los ten Booms realizaron reuniones "para pedir la paz de Jerusalén". Es sorprendente que Dios me dijera hace 18 años que restaurara la relojería. Y pensar que el Señor finalmente atravesó mi grueso cráneo, que UNICAMENTE la oración es la clave.

La Madre Teresa fue una de las primeras personas que me dijo que oraría todos los días por la paz de Jerusalén en Roma, de acuerdo con el Salmo 122:6. Ella me dijo "El amor no es algo que uno dice, es algo que uno hace". Yo creo en eso con todo el corazón. Es por eso que le hago un llamado para que se una a mi y vea lo que vio el Rey David... lo que vio Salomón... y lo que nuestro amado Señor vio cuando oraba en Jerusalén. Cada uno de ellos vivió el poder de Dios en Jerusalén, ¡la Gloria de Dios llenó la casa donde estaban parados!

"En aquel tiempo se levantará Miguel,
el gran Príncipe que está de parte de los hijos de tu pueblo;
y será tiempo de angustia,
cual nunca fue desde que hubo gente hasta entonces;
pero en aquel tiempo será libertado tu pueblo,
todos los que se hallen escritos en el libro".
"Y muchos de los que duermen en el polvo de la tierra serán despertados,
unos para vida eterna,
y otros para vergüenza y confusión perpetua".
"Los entendidos resplandecerán
como el resplandor del firmamento;
y los que enseñan la justicia a la multitud,
como las estrellas a perpetua eternidad".
"Pero tú, Daniel, cierra las palabras y sella el libro hasta el tiempo del fin.
Muchos correrán de aquí para allá, y la ciencia se aumentará".

Daniel 12:1-4 [énfasis del autor]

"He aquí que las naciones le son como la gota de agua que cae del cubo,
y como menudo polvo de las balanzas le son estimadas;
he aquí que hace desaparecer las islas como polvo
como nada son todas las naciones delante él;
y en su comparación serán estimados en menos que nada y que lo que no es..."
"Los muchachos se fatigan y se cansan, los jóvenes flaquean y caen;
Pero los que esperan a Jehová tendrán nuevas fuerzas;
levantarán alas como las águilas;
correrán, y no se cansarán;
caminarán, y no se fatigarán".

Isaías 40:15,17,30-31

La esperanza de los Estados Unidos está en aquellos que no comprometerán principios morales y valores bíblicos y se comprometerán con el poder de la oración por la paz de Jerusalén. El Equipo de Oración por Jerusalén se inició cuando reanudamos la reunión de oración centenaria en el hogar de los ten Boom.

Notas

Prefacio

[1] "America the Target" de Michael Evans, Jerusalem Post, 30 de septiembre del 2001.

[2] Presidente George W. Bush "Discurso ante la sesión conjunta del congreso y al pueblo americano" dado el 20 de septiembre del 2001, <http//www.whitehouse.gov/news/release/2001/09/20010920-8html> (consultado el 5 de abril de 2003).

[3] El Secretario de Estado estadounidense presentó este discurso en la conferencia anual del Comité de Asuntos Públicos Estadounidense-Israelí (AIPAC) en Washington el 31 de marzo del 2003. La trascripción cortesía de AIPAC.

[4] El Secretario de Asuntos Extranjeros de Israel, Silvan Shalom, presentó este discurso en la conferencia anual del Comité de Asuntos Públicos Estadounidense-Israelí (AIPAC) en Washington el 31 de marzo del 2003. La trascripción cortesía de AIPAC.

[5] La referencia del Secretario Shalom proviene de Isaías 50:9.

[6] Énfasis añadido por el autor. Para ver el texto completo de esta transmisión favor de leer el apéndice A.

Capítulo 1: Respondiendo la Llamada Despertadora del Infierno

[1] El 29 de mayo de 1998, o cerca a esa fecha, bin Ladden emitió una declaración titulada "La Bomba Nuclear del Islam", bajo el estandarte del "Frente islámico internacional para luchar contra los judíos y aquellos que libraron las Cruzadas". En su declaración estableció que: "es el deber de los musulmanes preparar tantas fuerzas como sea posible para aterrorizar a los enemigos de Dios", el Departamento de Estado de los Estados Unidos, http://usinfo.state.gov/topical/pol/terror/99129502.htm

[2] "Antes de la Guerra del Golfo Pérsico del 1991, la fortuna personal de Saddam Hussein se estimó en 10 mil millones de dólares por un refugiado político iraquí de alto nivel. Luego de 10 años de sanciones su fortuna ha sido reducida y ahora se estima alrededor de 7 mil millones de dólares" Adam Zagorin, revista TIME, domingo 2 de marzo 2003.

[3] WASHINGTON, 13 de abril 2003 (AFP) el Presidente George W. Bush dijo el domingo que Siria tiene armas químicas y le advierto de nuevo a Damasco que "tienen que cooperar" con sus esfuerzos de derrocar a Saddam Hussein en Irak.

[4] "Sally's in Siria", The Daily Mirror, Londres, 13 de abril 2003 – algunos de los científicos iraquíes de armas de más alto nivel ya han huido del país y están en Siria, desde donde buscaran seguridad política en Francia. Oficiales de la Casa Blanca dijeron que Huda Salih Mahdi Ammash, apodada "Chemical Sally" y Rahib Taha, alias "la Dra. Germen", ambas especialistas que trabajaron en los programas de armas biológicas iraquíes, están en Damasco. Taha es una microbióloga, entrenada en Inglaterra, quien se encargó del cultivo y uso del agente mortal antrax. Se cree que ella posee conocimientos extensos del desarrollo de

armas de destrucción masiva de Saddam Hussein. Ammash ha sido fotografiado en la reuniones de gabinete de Saddam y en reuniones con su hijo Qusai quien se encargaba de las organizaciones militares y de seguridad.

[5] "France urges U.S., U.K. to ensure Iraquis security," por Paul Taylor, CAIRO 12 de abril del 2003 (Reuters) – El sábado pasado, Francia urgió a los Estados Unidos y a Gran Bretaña que garantizaran la seguridad del pueblo iraquí luego que se manifestaran escenas de robo, vandalismo y anarquía al derrocar a Saddam Hussein...Villepin y Maher enfocaron la urgencia de revivir los esfuerzos para la paz del Medio Oriente con la publicación de la "Hoja de Ruta" para un estado palestino esbozada por los Estados Unidos, la Unión Europea, Rusia y las Naciones Unidas...El dijo que Francia estaba dispuesta a cooperar con una presencia militar internacional para reforzar un cese al fuego y ser anfitriones de una conferencia para proveer un marco internacional para la paz, luego que las primeras fases de la "Hoja de Ruta" hayan sido implementadas.

[6] "Más reciente grabación de bin Ladden hecha publica," por la BBC NEWS, martes 8 de abril del 2003, 3:56 am. Una grabación atribuida a Osama bin Ladden ha emergido en la cual el urge a los musulmanes a sublevarse contra sus gobiernos que apoyen la Guerra en Irak. En febrero del 2003 un audio casete, supuestamente de bin Ladden, llamó a ataques contra blancos estadounidenses y británicos si Irak fuera invadida.

[7] El 7 de octubre del 1985, una facción de la OLP, el Frente para la Liberación Palestina tomó el crucero italiano el Achille Lauro y demandaron la puesta en libertad de prisioneros palestinos en Israel. El presidente egipcio Hosni Mubarak persuadió a los que tomaron al crucero a que se entregaran y permitió que el líder de la FLP, Mamad Abbas, y otros terroristas fueran a Tunisia. Durante el vuelo, el Presidente Ronald Reagan envió aviones de guerra estadounidenses que interceptaran el vuelo y los obligaron a aterrizar en una base estadounidense-italiana en Sicilia. Los Estados Unidos e Italia discutieron sobre la jurisdicción del caso pero los italianos rehusaron deportar a ninguno de los hombres.

[8] "Combatiendo al Terrorismo", por Benjamín Netanyahu; Imprenta Noonday (marzo 1997). La cita se le atribuye a Abdel Arman por su seguidor el inmigrante egipcio El Sayyid Nosair, quien fue culpado del asesinato del Rabino Meir Kahane en la ciudad de Nueva York el primero de noviembre del 1990. La policía encontró 47 cajas de papeles. Mayormente en Árabe, que asumieron que era material religioso. Luego se descubrió que contenían instrucciones de cómo realizar asesinatos, atacar a aviones, y formulas para hacer bombas.

[9] Ibid.

[10] "Jihad in America", Steven Emerson, documental del la PBS 1994, Advirtió que el Islam militante se estaba organizando dentro de los Estados Unidos.

[11] Presidente George W. Bush en un discurso de graduación dado en la Academia Militar West Point, Nueva York, 1 de junio 2002.

[12] Discurso por el Secretario de Asuntos Extranjeros, Silvan Shalom en la conferencia de políticas AIPAC, Washington, D.C., 30 de marzo de 2003.

Capitulo 2: Una Guerra de Proporciones Bíblicas

[1] "U.S. troops enter Tikrit with only 'Light resistance'," *The Washington Post*, 14 de abril de 2003.

Irak tiene, comprobadamente, las segunda reserva petrolera más grande del mundo con 112 mil millones de barriles pero sus canales de distribución, estaciones de bombas petroleras, y fuentes de reservas petroleras han sufrido debido a años de falta de inversión y mantenimiento. En años recientes, el petróleo aportó el 95 por ciento de las entradas nacionales, estimadas en 22 mil millones de dólares al año.

[2] "La administración estadounidense quiere destruir a Irak para controlar al Medio Oriente, y consecuentemente controlar las políticas, el petróleo y las políticas económicas de todo el mundo". Saddam Hussein en una comunicación a las Naciones Unidas, 19 de septiembre de 2002.

[3] Kenneth M. Pollack, "Why Iraq Can't be Deterred", The New York Times, 26 de septiembre del 2002.

[4] Sharon le informó a la televisión israelí canal 2 que Israel tenía información de que "las armas que el (líder iraquí Saddam Hussein) quiso ocultar, armas químicas, armas biológicas, ciertamente habían sido transferidas a Siria".

[5] "If Attacked, Israel Might Nuke Iraq," por Ze'ev Schiff, Haretz, 15 de agosto del 2002.

[6] "North Korea's Missile Export Mischief," The New York Times, 12 de diciembre de 2002, y Uri Dan, "Yemen's Scuds Bagdad-Bound," New York Post, 27 de diciembre del 2002.

[7] Iraqui rockets sent to Syria for use by Hizbullah," por Ze'ev Schiff, Haaretz, 12 de junio de 2002.

Capitulo 3: El conflicto Iniciado en las Arenas del Desierto

[1] Abram, quien luego fue Abraham, vivió entre los años 2000-1500 a.C. El recuento de lo ocurrido en Babel (Babilonia), con su dictador en contra de Dios, su rebelión organizada en contra de Dios y su rechazo de creer la promesa de Dios dada al pueblo judío a través de Abraham, es muy parecida a los eventos contemporáneos.

[2] "Otro ángel le siguió diciendo: Ha caído, ha caído Babilonia, la gran ciudad, porque ha hecho beber a todas las naciones del vino del furor de su fornicación". (Apocalipsis 14:8). Este pasaje sigue a dos anteriores que hacen eco del mismo mensaje "...Cayó, cayó Babilonia..." (Isaías 21:9), contiene las mismas palabras del mensaje del segundo ángel que profetiza la destrucción espiritual de Babilonia, el vino de la fornicación se encontraba en el Babilonia literal "Copa de oro fue Babilonia en la mano de Jehová, que embriagó a toda la tierra; de su vino bebieron los pueblos; se aturdieron, por tanto las naciones" (Jeremías 51:7).

[3] "A las mujeres no le es permitido conducir vehículos o montar bicicletas en calles publicas"; Departamento de Estado estadounidense, hoja de información consular para Arabia Saudita, 16 de diciembre de 1996.

[4] En el Islam, comer cerdo contribuye a la falta de moralidad y la vergüenza, también contribuye a la avaricia para las riquezas, suciedad y glotonería. Dios prohibió a los musulmanes el comer cerdo. Esto está detallado en algunos

versos del Corán. Por ejemplo: "Os ha prohibido sólo la carne mortecina, la sangre, la carne de cerdo y la de todo animal sobre el que se haya invocado un nombre diferente del de Alá". De acuerdo al Islam, el cuerpo de los cerdos contienen múltiples toxinas, lombrices, enfermedades latentes, y cantidades excesivas de histamina e imidazole (la Embajada Real de Arabia Saudita, Washington D.C).

[5] El Ka'ba, el edificio más sagrado del Islam, se encuentra en el centro de la santa mezquita en Mecca. Es una estructura alta y rectangular con forma de caja con 15 metros de altura con laterales que miden 10.5 metros por 12 metros. La Piedra Negra, posiblemente de algún meteorito, esta fijado a la esquina Oriental de la de la estructura, junto con una piedra llamada Hajar as'ad (le piedra de la suerte) la cual es tocada por los peregrinos (hajis) durante sus vueltas. Afuera del lado Noroeste hay un pequeño muro que encierra un área conocido como la como el Hijr que se cree que marca el lugar de entierro de Ismail y su madre Hajar. La Ka'ba está construida de bloques de granitos con un color entre el azul y el gris, unidos con mortero y sobre una base de mármol. La entrada está de lado noreste y está a 2 metros de la tierra (se llega a ella mediante unos escalones de madera que son móviles). Dentro de la Ka'ba hay tres pilares de madera que sostienen a un techo de madera que se puede acceder mediante una escalera de madera. El piso es de mármol y la cara inferior del techo está cubierto por tela. De acuerdo a la tradición musulmana la Ka'ba fue construida por Ibrahim e Ismail y fue el primer santuario establecido en la tierra. Inicialmente el edificio fue simplemente una estructura rectangular, encerrada y sin techo con la altura de un hombre. Los ídolos se ponían dentro de la Ka'ba. Entre ellos lo mas prominentes eran al-Lat, al-Uzza y al-Manat. Trescientos sesenta ídolos se colocaron alrededor de la Ka'ba, en círculo, formando una área sagrada (Haram) donde no se podía derramar sangre. En el 629, después de un periodo de exilio, Mahoma conquistó la Mecca pero dejó la forma de la Ka'ba sin alteración, con excepción que removió los ídolos. La parte externa de la estructura está recubierta con un gran corte de tela (kiswa) que se cambia anualmente. Andrew Petersen, Dictionary of Islamic Architecture, (Routledge, 1996).

[6] Los musulmanes creen que su fiesta de Id al-Adha (fiesta del sacrificio) conmemora que Dios perdonó la vida Ismael, hijo de Abraham, cuando el patriarca estuvo a punto de sacrificar a su hijo para mostrar su fe. Los judíos y los cristianos creen que fue el hijo menor de Abraham quien fue salvado. Una interpretación islámica moderna del festival es que "toda la humanidad debe unirse sobre los principios fundamentales de la religión que le ha sido revelada, y vivir en hermandad con igualdad para todos. Pero eso es sólo posible con el sacrificio de los deseos animales, que son la fuente de toda discordia y enemistad entre las personas" (The Light Islamic Review, enero-febrero 1992, páginas 4-6).

[7] La música tradicionalmente ha sido uno de los temas más controversiales en el mundo musulmán. Mientras que los maestros islámicos han aceptado y hasta promovido cantando el llamado a la oración y el Corán, otros tipos de música, especialmente la instrumental, ha sido problemática. En árabe la palabra

musiqa, que normalmente se traduce música, tiene un significado mucho más estrecho que la que le atribuimos en nuestro idioma. Musiqa, en árabe, se refiere principalmente a la música popular e instrumental que excluye géneros como el canto del Corán y el canto de llamado a la oración (adh'an)...A pesar de críticas como estas muchas formas de musicas tradicionalmente han estado presentes en el mundo islámico aun hasta estos días". (Profesor Alan Godlas, Islam and Islamic Studies, The University of Georgia, 2003).

Capitulo 4: Jihad: Una Guerra sin Santidad

[1] Corán, Surah 2:193.

[2] Esta historia de Mahoma es parte de la tradición islámica: "Cuando Mahoma y sus seguidores estaban listos para atacar a Mecca para subyugarlo al Islam, sus adherentes arrestaron a Abu Sufan, uno de los habitantes de Mecca. Lo trajeron ante Mahoma. Mahoma le dijo: "Ay de ti, o Abu Sufan. ¿No es hora de que reconozcas que no hay Dios sino en único Dios?" Abu Sufyan respondió: "Creo eso". Entonces Mahoma le dijo "Ay de ti, o Abu Sufan. ¿No es hora de que sepas que yo soy el apóstol de Dios?" Abu Sufan respondió: "por Dios, o Mahoma, sobre esto hay duda en mi alma". El Abbas que acompañaba a Mahoma le dijo a Abu Sufan: "Ay de ti, Acepta al Islam y testifica que Mahoma es el apóstol de Dios antes de que tu cabeza sea removida con la espada". Una de las muchas fuentes que repiten esta historia: Ibn Kathir, parte 4 página 11 ("Biography of the Prophet");"The Chronicle of the Tabari," parte 2 página 157; Ibn Kathir, "The Prophetic Biography," parte 3, páginas 549 y "The Beginning of the End".

[3] Para una discusión sobre este concepto ver a Alan Caruba, "Islam: The Endless Jihad", 26 de septiembre del 2001, en la página web: The National Anxiety Center (<anxiety-center.com/warning.htm>).

[4] "La derrota de los invasores sarracenos de las tierras francas en Tours (propiamente en Poitiers) en el 723 d.C. fue un punto de cambio en la historia universal. No es probable que los musulmanes, de haber sido victoriosos, hubieran penetrado de inmediato al lejano norte, sino que hubieran tomado el sur de Gales y desde ahí aplastado los débiles poderes cristianos de Italia", tomado de William Stearns Davis, ed., Readings in Ancient History: Illustrative Extracts from the Sources, 2 Vols, (Boston: Allyn y Bacon, 1912-1913), Vol 2: Rome and the West, páginas 362-364.

[5] El sitio de Viena, en el 1683, fue la última amenaza al occidente del Islam y estableció el equilibrio de poder en Europa Oriental y los Balcanes hasta fines de la primera guerra mundial. Para ver un trabajo definitivo sobre el tema ver: John Stoye, El Sitio a Viena, nueva edición (Birlinn, 2001).

[6] Las naciones árabes controlan 60 por ciento de las reservas globales de petróleo y 25 por ciento de las reservas globales de gas natural (fuente: World Economic Forum, Arab World Competitiveness Meeting, 9 de septiembre del 2002).

[7] "Los Estados Unidos ha ido incrementando su dependencia en la energía importada y ha habido un impacto en la balanza de pagos. Por ejemplo: 43 por ciento del petróleo usado en los Estados Unidos fue importado en los primeros

seis meses del 1979, en comparación del 35 por ciento en 1973. De estas importaciones de 1979, el 67 por ciento fue suplido por naciones miembros de la OPEP incluyendo 40 por ciento proveniente de naciones árabes. Durante los seis meses que precedieron el embargo de 1973-1974, los productores árabes proveyeron sólo un 15 por ciento del petróleo importado. En ese mismo tiempo el petróleo de la OPEP incremento en precio, debido a maquinaciones del cartel. El incremento es notorio al ver los balances de pago que aumentaron de 3.4 mil millones de dólares en los primeros meses del 1973 a 24.4 mil millones de dólares en los primeros seis meses del 1979. En "Supplemental Sources of Natural Gas: An Economic Comparison" por Alan Kaufman, Congressional Research Service y Susan J. Bodilly, Rand Corporation, Washington D.C., octubre de 1981.

8 El mundo árabe comtempla el día de independencia israelí, el 15 de mayo del 1948, como el "Día de Nakba" (catástrofe) por que describe el fracaso de sus ejércitos de destruir al recién nacido estado judío. Los palestinos se refieren a la independencia de Israel como un Nakba, en contraste a su fracaso de crear su propio estado palestino de acuerdo a la resolución 181 de la Asamblea General de ONU del 1947 sobre la partición de Palestina en dos estados: judíos y árabes, unidos mediante un vínculo económico. Al momento sólo dos naciones árabes, Egipto y Jordania, han convertido la espada de la Nakba en el trillador de la coexistencia pacífica.

Capitulo 5: Un Islam Aun Más Distorsionado.

1 Hoja de Hechos: Los cargos en contra del terrorista internacional Osama bin ladden; publicado por el Departamento de Asuntos del Asiático del Sur, Departamento de Estado de los Estados Unidos, Washington DC., 20 de enero del 2001.

2 Gran Bretaña produjo una aun mayor escalada, con más petróleo, al utilizar su mandato, bajo la recientemente creada Liga de Naciones después de la primera guerra mundial al crear el estado de Irak. La Liga otorgó "mandatos" a Gran Bretaña sobre Irak, Palestina y Transjordania. A Francia le dio "mandatos" sobre Siria y el Líbano. Las fronteras de Irak fueron establecidas por Gran Bretaña al unir tres provincias (Bagdad, Mosul y Basara) del antiguo Imperio Otomano y formar de estas una nueva entidad política.

3 "Desde los ataques del 11 de septiembre, perpetrado por personas que vinieron mayormente del "Wahabismo" de Arabia Saudita, ha penetrado el vocabulario de los estadounidenses responsables de formular nuestras políticas. Es sinónimo de palabras como: muerte, destrucción y terror. De mayor importancia es que las enseñanzas e influencia, que proceden de Riyadh, han afectado nuestra visión de Arabia Saudita amenazando con cambiar su condición de amigo que ayudó a estabilizar el precio del petróleo y la región, a una de un enemigo ajeno a los valores estadounidenses, y obstinado en fijarlos" de "Don't play into the hands of extremists" por Youssef M. Ibrahim, The International Herald Tribune, 12 de agosto del 2002.

4 "Wahabismo... es una rama del Islam que emergió, no durante las Cruzadas, ni en las guerras anti-turcos del siglo 17, pero hace apenas 2 siglos. Es violento,

intolerante y fanático mas allá de la descripción. Se originó en Arabia y es la teología oficial de los estados del Golfo. El Wahabismo es la expresión más extrema del fundamentalismo islámico. No todo musulmán es un terrorista suicida, pero todos los terroristas suicidas han sido wahabitas, con excepción de unos discípulos de ateos izquierdistas haciéndose pasar por musulmanes buscando poder propio tal como Yasser Arafat o Saddam Hussein" Steven Schwartz, "This business all began in Saudi Arabia", en The Spectator, 23 de septiembre 2001.

[5] Contraria a las afirmaciones palestinas, la visita del, entonces, líder de oposición israelí, Ariel Sharon, al Templo del Monte en Jerusalén no fue lo que produjo la violencia Palestina. Si no, que la ola de terrorismo fue el resultado de una decisión estratégica de los palestinos de usar la violencia, y no la negociación, como instrumento principal para avanzar sus causas políticas. Oficiales palestinos divulgaron esto en declaraciones hecha a la prensa árabe. El 6 de diciembre del 2000,el diario semioficial Al-Ayyam, reportó lo siguiente: "Hablando en un simposio en Gaza, el Secretario Palestino de Comunicaciones Imad Al-Falouji, confirmó que la Autoridad Palestina había iniciado preparaciones para salir de la presente intifada al momento que las negociaciones en el Campamento David concluyeran, esto de acuerdo a las instrucciones dada por el propio presidente Arafat. El Sr. Falouji continuó declarando que Arafat lanzó su intifada en una fase de culminación a la posición inmutable Palestina en las negociaciones, y no era una simple protesta de la visita del líder de oposición israelí, Ariel Sharon, al Templo del Monte.

[6] "De acuerdo a fuentes informadas, por lo menos 200 palestinos sospechados de colaborar con Israel están en prisiones de la Autoridad Palestina. Ayer miembros del ala militar de Fatah, la Brigada de Mártires Aksa, abalearon y mataron una madre de siete en Tulkarm, luego de acusarla de colaborar con Israel. Ikhlas Yasin, de 39 años fue muerta en plaza principal del pueblo. Palestinos de la ciudad le informaron al Post que su hijo, quien había sido raptado por hombres armados de la Fatah, confesó que su madre había ayudado a las fuerzas de seguridad israelí a matar a Ziad Da'as, un miembro perseguido por las Brigadas. Al menos 14 palestinos han sido muertos en Tulkarm en los pasados tres meses bajo cargos de haber colaborado con Israel. Más de 60 palestinos de las zonas ocupadas han sido asesinados desde el principio del la intifada por alegadamente haber ayudado al servicio de seguridad israelí Shin Bet. La AP ejecutó por lo menos a cinco personas más por la misma razón" tomado de "Fatah executes Tulkarm mother of 7", por Khaled Abu Toameh, Jerusalem Post, Domingo 25 de agosto 2002.

[7] "Otra grupo de opiniones mantienen que una victoria de los EE.UU sobre Saddam Hussein, revivirá las esperanzas de paz en el Medio Oriente. Según la perspectiva del Profesor Robert Leiber de Georgetown University, "El camino a Jerusalén a traviesa a Bagdad y no viceversa. El sacar a Saddam tendrá efectos beneficios al proceso de paz árabe-israelí" Lieber argumenta que remover a Saddam eliminará un punto clave de obstrucción y apoyo al terrorismo palestino. Incrementará el poder y la influencia de los Estados Unidos en el Medio Oriente, un fin que acercará la paz entre Israel y los árabes. La victo-

ria de los Estados Unidos en el 1991 conllevó a que Israel y sus adversarios para sentarse y hablar de paz. "Fue la Guerra del Golfo y la derrota de Saddam, en el 1991, que hizo eso posible" tomado de: "What Would Defeating Saddam Trigger?", por William Schnider, American Enterprise Institute for Public Policy Research, 23 de noviembre 2002.

[8] Mike Evans, "Islam and the Infidels", Jeruslaem Post, 5 de septiembre 2002, página 9.

[9] Jeque Profesor Abdul Hadi Palazzi, Secretario General de la Asociación Musulmana Italiana y co-presidente de la Asociación Comunidad Raíz y Rama Israel-Islam notó: "es la secta Wahabi, que gobierna a Arabia Saudita, que es la responsable del Islam politizado que es tan dominante en el Medio Oriente y en mucho del mundo islámico". El llama a los wahabis, una tribu nómada Bedouina, unos "literalistas primitivos". Un buen ejemplo son los dos príncipes sauditas que acompañaron a la NASA en una misión hace 10 años para dar testimonio oficial ante una corte religiosa que la tierra de hecho es redonda. Él afirma que los Wahabis están haciendo esfuerzos enormes por transformar al Islam de una reunión a una ideología política totalitaria". Tomado de: "For Allah's sake" por Abigail Radoszklowicz, Jerusalem Post International Edition, 16 de febrero del 2001.

[10] El adoctrinamiento consiste de la más cruda incitación al asesinato, como este sermón designado por Arafat y financiado por Arafat pero dado por Ahmad Abu Halabiya y transmitida, en vivo, por la televisión de la Autoridad Palestina temprano en el llamado de intifada. El tema es "Los Judíos" (nótese no los Israelíes sino los Judíos) "deben ser descuartizados y muertos, tal como dijo Alá: "peleen con ellos: Alá los torturará en sus manos... no tengan misericordia de los judíos... dondequiera que los encuentres mátalos" El racional de una conducta homicida no se enseña sólo en Palestina sino en todo el mundo árabe. El 10 de marzo un artículo en el periódico Saudita al-Riyadh describe, con lujos de detalles, como los judíos asesinan ritualmente a niños cristianos y musulmanes para usar su sangre en sus comidas festivas. Explica que para un día de fiesta (Purim) el judío debe asesinar a un adolescente, pero en las Pascuas la victima debe tener menos que 10 años" Tomado de "Arafat is Headmaster for Suicide Bombers" por Charles Krauthammer, New York Daily News, Editorial, 27 de marzo 2002.

[11] "Saddam Hussein ha distribuido US$ 260,000 a 26 familias de palestinos muertos en ataques contra Israel, incluyendo los US$25,000 a la familia de un terrorista suicida de Hamas. En un salón de banquetes el pasado miércoles, las familias vinieron a recibir cheques por valor de US$ 10,000. Una gran pancarta decía: "El partido árabe Ba'ath les da la bienvenida a las familias de los mártires para la distribución de las bendiciones de Saddam Hussein".

"...Saddam da US$10,000 a las familias de aquellos que han sido muertos en los últimos 30 días, y US$ 25,000 a las familias de los terroristas suicidas".

"En total Saddam dio más de 35 millones de dólares a las familias, de las zonas ocupadas, de los palestinos que han muerto en combate, dijo Ibrahim Zanen, portavoz del Frente de Liberación Árabe en Gaza" Tomado de: "Saddam rewards Palestinian Martyrs" por Hassan Fattah, The Associated Press, 14 de marzo del 2003.

Capitulo 6: El Filo de la Espada: La Organización para la Liberación de Palestina OLP

[1] "America the Target", por Mike Evans, Jerusalem Post, 30 de septiembre del 2001 página 6.

[2] El Dr. George Habash fue el fundador y Secretario General de la Frente para la Liberación de Palestina del Pueblo. Nayef Hawatmeh es el Secretario General del Frente Democrático para la Liberación de Palestina.

[3] Al-Hawadeth, 11 de julio del 1975.

[4] Ibid.

[5] Revista TIME.

[6] Los Angeles Times, 21 de enero de 1976.

[7] "Penetrating Terrorist Networks" por David Ignatious, Washington post.com, domingo 16 de septiembre de 2001, página B07.

[8] Citado en "The Forgotten Terrorists", por Thomas W. Murphy, USA In Review, 27 de febrero del 2003. "El es uno de los terroristas más notorios, responsable por la muerte de miles de hombres, mujeres y niños. Ha aplicado su profesión en Europa, África, el Medio Oriente. Bombardeos, secuestros y asesinatos; los ha perfeccionado todos. Los Estados Unidos tienen suficiente evidencia para condenarlo por el secuestro y el asesinato de dos diplomáticos estadounidenses. Los Estados Unidos conoce su ubicación. Los Estados Unidos puede arrestarlo y traerlo ante la justicia cuando desee. Su nombre es Muhammad Abd ar-Rauf al-Qudwah al-Husayni, mejor conocido como Yasser Arafat".

[9] Fuerza de trabajo sobre terrorismo y Guerra No Convencional, Cámara de Diputados, Washington DC., Eric Cantor, Virginia presidente; "Arafat – Never a Partner for Peace," 16 de noviembre del 2001.

Capitulo 7: Una Historia Sangrienta, Un Futuro Sangriento

[1] Fatah es enviar a cientos de terroristas suicidas palestinos del Líbano a lanzar ataques contra tropas estadounidenses y británicas en Irak, de acuerdo al Coronel Munir Maqdah, uno de los altos oficiales del Fatah en el Líbano. Maqdah le informó a la *Agence France Press* el miércoles que cientos de palestinos ya han comenzado a ser enviados a Irak en misiones suicidas. El dijo que los futuros terroristas suicidas pertenecen al ejercito popular del Fatah que opera en los campos de refugiados del Líbano. El Secretario General de la Fatah en el Líbano, Sultan Abu Aynain, urgió a Síria y al Líbano a que permitan que voluntarios Palestinos pasen a Irak. "Hago llamado a los presidentes Emil Lahoud (del Líbano) y Bashar Assad (de Síria) que abran sus fronteras ante los mártires combatientes de los campos de refugiados para que defiendan a Irak de la invasión estadounidense-británica". Dijo esto en un rally del Fatah, el campamento de refugiados Rashidiyeh en el sur del Líbano. "El pueblo de Irak está siendo acribillado mientras que la nación árabe se ha vendido al Satán estadounidense-israelí" añadió. Fatah es el primer grupo palestino que anuncia

que enviará terroristas suicidas a Irak. En esta misma semana, Jihad Islámico que asumió responsabilidad por el ataque terrorista del domingo pasado en Netanya, dijo que la primera ola de sus "buscadores de martirio" ya habían llegado a Irak. El lunes, algunos 30 voluntarios palestinos del Líbano salieron hacia Irak para unirse al ejército iraquí en su lucha contra los invasores estadounidense-británicos, de acuerdo a fuentes palestinas, los voluntarios penetraron a Irak desde Síria. Las fuentes también confirmaron que varios grupos palestinos radicales, ubicados en Siria, han procedido a reclutar terroristas suicidas para ser enviados a Irak. Por lo menos 10 facciones palestinas, algunos afiliados con Irán y Libia, operan desde Siria, quienes le proveyeron armas y bases militares". Tomado de: "Fatah Confirms Sending Suicide Bombers to Iraq," por KhaledAbu Toameh y Douglas Davis, Jerusalem Post, 3 de abril del 2003.

[2] "Suicide Blast Shows Newest Danger on Front Lines", The New York Times, 29 de marzo del 2003.

[3] "Saddam Rewards Bomber's Family", Por Almin Karamehmedovic, The Associated Press, 12 de abril, del 2003.

[4] Ibid.

[5] Ibid.

[6] Netanyahu, Benjamín (Binyamin), Comité de Reforma Gubernamental, Camara de Diputados, 11 de septiembre del 2001.

Capitulo 8: El Camino que Atraviesa a Bagdad Conduce a Jerusalén

[1] "Letter to an Anti-Zionist Friend," por el Rev. Martín Luther King Jr., The New York Times, 29 de marzo del 2003.

[2] Declaración del Primer Ministro sobre el proceso de paz del Medio Oriente, 10 Downing Street, 14 de Marzo del 2003.

[3] El Presidente Bush y el Primer Ministro Blair sostienen una disponibilidad para los medios; Camp David, Maryland; 27 de marzo del 2003 (según trascripción de la Casa Blanca).

[4] Ibid.

[5] "Holding Jesus Hostage", por Mike Evans, The Jerusalem Post International Edition, 16 de mayo del 2002. Pagina 15.

[6] Para ver el texto completo de la "Hoja de Ruta" del cuarteto ver al Apéndice A.

[7] Abbas intentó refutar lo que el llamo "la fantasía sionista, la mentira fantástica de que seis millones de judíos fueron muertos" en el Holocausto en su libro: The Other Side: The Secret Relation Between Nazism and the Leadership of the Zionist Movement. Originalmente esta fue su disertación para su doctorado completada en la universidad de Moscú Oriental. (traducido del árabe por el centro Simon Wiesenthal en Los Angeles).

[8] "Bush Says Pleased with New Palestinan Leader" Hillsborough, Irlandia del Norte, (Reuters), 8 de Abril del 2003.

[9] "Peres presents peace plan" por Joshua Brilliantm United Press International, Tel Aviv, 18 de Mayo del 2002.

Capitulo 9: ¿Qué le espera a los Estados Unidos?

[1] George Santayana, The Life of Reason, Volumen 1, 1905.

[2] El Acto de la Embajada en Jerusalén del 1995. (Documento del Senado "S.1332"; Ley Publica 104-45; Congreso 104 un Acto, Estados, Inter. Alia: Para proveer el traslado de la embajada en Israel a Jerusalén, el congreso encuentra los siguientes puntos:

(1) Cada nación soberana, bajo ley internacional puede designar su propia capital.
(2) Desde el 1950 Jerusalén ha sido la capital de Israel.
(3) La ciudad de Jerusalén es el asiento del Presidente, el Parlamento y Suprema Corte de Justicia así como de numerosas secretarias guberna mentales e instituciones sociales y culturales.
(4) La ciudad de Jerusalén es el centro espiritual del Judaísmo y es también considerado una Ciudad Santa por miembros de otras fe religiosas.
(5) Entre los años 1948-1967 Jerusalén fue una ciudad dividida y ciudada nos israelí y de todas religiones así como también los ciudadanos judíos, de toda nación, les fue negado acceso a los lugares santos con trolados por Jordania.
(6) En el 1967 la ciudad de Jerusalén fue reintegrada durante el conflicto conocido como la Guerra de los Seis Dias.
(7) Desde el 1967, Jerusalén ha sido una ciudad integra administrada por Israel, y personas de toda fe religiosa se le ha garantizado acceso a los lugares santos dentro de la ciudad.

Cada seis meses los presidentes estadounidenses han tenido que firmar un descargue para restarle el impacto práctico a esta legislación.

[3] "Algunos analistas occidentales creen que al final de la década de los ochentas, Siria había armado mucho de sus misiles modernos, incluyendo Scuds, con armas químicas. Al momento el armamento químico de Siria está compuesto, principalmente, por el agente Sarin. Sin embargo reportes recientes indican que Siria ha producido, exitosamente el agente nervioso de mayor persistencia VX". Tomado de: "Syria's Scuds and Chemical Weapons" Por Eric Criddy, Center for Nonproliferation Studies, Mnterey Institute for International Studies, marzo del 1999.

Capitulo 10: La Llamada Despertadora del Cielo: ¡Preparándonos para la Venida del Señor!

[1] Hans Poley, Return to the Hiding Place (Elgin: Chariot Family Publishers, 1993), Página 147. El Sr. Poley fue la primera persona que la familia ten Boom escondió.

Apéndice A
OFFICIAL:

"Una 'Hoja de Ruta' basada en el desempeño para una solución para los dos estados del conflicto israelí-palestino"

El documento que se halla abajo es el plan de "Hoja de Ruta".

¿Hay alguna diferencia entre la versión "NO CONFIDENCIAL" del plan del "Hoja de Ruta", el esbozo impreso desde mi máquina de fax unos pocos días antes de los discursos del Secretario de Estado Colin Powell y del Secretario de Relaciones Exteriores Silvan Shalom, antes de la confirmación de Mahmoud Abbas, y la "Hoja de Ruta Oficial"? En esencia, no, no la hay.

Las dos requieren:

1. Reconocimiento oficial de un estado palestino (la OLP).
2. El sector oriental de Jerusalén como la capital del estado palestino.
3. Que todas las tierras reclamadas en 1967 (Territorio Ocupado) sean devueltas.
4. Que las resoluciones 242/338/1397 de la ONU sean puestas en práctica.
5. Que el Cuarteto facilite la ejecución y el monitoreo del plan.
6. Que Israel firme un tratado de paz con una familia de organizaciones terroristas representadas por la OLP y dos estados terroristas (Siria y el Líbano).
7. Que Israel congele todas las actividades en los asentamientos, desaloje a todos los judíos que viven en las áreas denominadas como "Territorios Ocupados" (Samaria y Judea bíblicas).

8. Que Israel no destruya ninguna casa (ni siquiera las de los sospechosos de terrorismo).
9. Que a la OLP se le permita regresar al sector oriental de Jerusalén y establezca instituciones gubernamentales.
10. El regreso de los refugiados palestinos.
11. Una conferencia mundial auspiciada por el Cuarteto.

(Publicado el 30 de abril de 2002)

Lo que sigue es la "Hoja de Ruta" basada en el desempeño e impulsado por metas, con fases claras, líneas del tiempo, fechas límites y evaluaciones que apuntan al progreso por medio de pasos recíprocos de las dos partes en las áreas política, de seguridad, económica, humanitaria y de establecimiento de instituciones, bajo los auspicios del Cuarteto (los Estados Unidos, La Unión Europea, las Naciones Unidas y Rusia).

El destino es una solución final y comprehensiva del conflicto israelí-palestino para el 2005, como se presenta en el discurso del presidente Bush del 24 de junio, y que fue recibido con los brazos abiertos por la Unión Europea, Rusia y las Naciones Unidas en declaraciones ministeriales del Cuarteto hechas el 16 de julio y el 17 de septiembre. Una solución para los dos estados del conflicto israelí-palestino sólo se logrará por medio del cese de la violencia y del terrorismo, cuando el pueblo palestino tenga un liderazgo que actúe con resolución contra el terror y dispuesto y capaz de construir una democracia practicante basada en la tolerancia y la libertad, y por medio de la disposición de Israel de hacer lo que sea necesario para que se establezca una Palestina democrática y una aceptación clara e inequívoca de ambas partes de la meta de un acuerdo negociado como se describe abajo. El Cuarteto asistirá y facilitará la puesta en ejecución del plan, comenzando en la Fase I, incluyendo discusiones directas entre las partes, según sea necesario. El plan establece una línea del tiempo realista para la puesta en práctica. Sin embargo, como un plan basado en el desempeño, el progreso requerirá y dependerá de la buena fe de las partes y de su conformidad con cada una de las obligaciones que se enumeran abajo. Si las partes cumplen rápidamente con sus obligaciones, el progreso entre y a través de las fases podría llegar antes de lo que se indica en el plan. La no observancia con las obligaciones impedirá el progreso.

Un asentamiento, si es negociado entre las partes, resultará en el surgimiento de un estado palestino independiente, democrático y viable viviendo al lado en paz y seguridad con Israel y sus demás vecinos.

El acuerdo resolverá el conflicto israelí-palestino y terminará con la ocupación que comenzó en 1967, basada en los fundamentos de la Conferencia de Madrid, el principio de la tierra por la paz, las Resoluciones del Consejo de Seguridad de las Naciones Unidas 242, 338 y 1397, acuerdos realizados previamente por las partes, y la iniciativa del Príncipe a la Corona Saudita, Abdullah, apoyada por la Cumbre de la Liga Árabe de Beirut, que exige la aceptación de Israel como un vecino que vive en paz y seguridad, en el contexto de un acuerdo comprehensivo. Esta iniciativa es un elemento vital de los esfuerzos internacionales para promover una una paz que comprende todos los senderos, incluyendo los senderos sirio-libanés-israelí y libanés-israelí.

Los altos estamentos del Cuarteto se reunirán regularmente para evaluar el desempeño de las partes en la puesta en práctica del plan. En cada fase, se espera que las partes realicen sus obligaciones paralelamente, a menos que se indique lo contrario.

Fase I: Cese del terror y la violencia, normalización de la vida Palestina y el establecimiento de instituciones palestinas, del presente a mayo de 2003.

En la fase I, los palestinos realizan inmediatamente un cese a la violencia, de acuerdo con los pasos enumerados abajo; esta acción debería acompañarse de medidas de apoyo tomadas por Israel. Los palestinos y los israelíes reanudan la cooperación en seguridad basada en el plan de trabajo de principios para terminar con la violencia, el terrorismo, y la incitación por medio de servicios de seguridad efectivos. Los palestinos emprenden una reforma política completa, preparándose para la estadidad, que incluye la redacción de una constitución Palestina, y elecciones libres, justas y abiertas sobre la base de esas medidas. Israel da todos los pasos necesarios para ayudar a normalizar la vida Palestina. Israel se retira de las áreas palestinas ocupadas desde el 28 de septiembre de 2000 y ambas partes reestablecen el status quo que existía en ese entonces, a medida que el nivel de seguridad y la cooperación aumentan. Israel también congela toda actividad de asentamientos, de acuerdo con el Informe Mitchell.

Al inicio de la Fase I:

- El liderazgo palestino publica una declaración inequívoca, reiterando el derecho de Israel a existir en paz y seguridad, y exigiendo un cese del fuego inmediato e incondicional para poner fin a todos los actos de violencia contra los israelíes en cualquier otra parte. Todas las instituciones palestinas oficiales pongan fin a la incitación contra Israel.

- El liderazgo israelí publica una declaración inequívoca afirmando su compromiso con una visión biestatal de un estado palestino independiente, viable y soberano que vive en paz y seguridad con Israel, como lo expresó el presidente Bush, y que exige un cese inmediato de la violencia contra los palestinos en todas partes. Todas las instituciones oficiales israelíes ponen fin a la incitación contra los palestinos.

Seguridad

- Los palestinos declaran un fin inequívoco de la violencia y el terrorismo y emprenden esfuerzos visibles en el terreno para arrestar, alterar y restringir a los individuos y grupos que realizan y planean ataques violentos contra los israelíes en cualquier parte.

- El organismo de seguridad de la Autoridad Palestina reestructurado y reenfocado inicia operaciones continuas, enfocadas y efectivas con miras a confrontar a todos aquellos involucrados en el terror, y el desmantelamiento del potencial e infraestructura terroristas. Esto incluye el inicio de la confiscación de armas ilegales y la consolidación de la autoridad de la seguridad, libre de asociación con el terror y la corrupción.

- El Gobierno de Israel no emprende acciones que socaven la confianza, incluyendo la deportación, ataques de civiles, la confiscación o la demolición de casas y propiedad palestinas como medidas punitivas o para facilitar las construcciones israelíes, la destrucción de las instituciones e infraestructura palestinas y otras medidas especificadas en el plan de trabajo de Principio.

- Confianza en los mecanismos existentes, y en los recursos establecidos, los representantes del Cuarteto inician el monitoreo formal y consultan con las partes sobre el establecimiento de un sistema formal de monitoreo y su puesta en práctica.

- La puesta en práctica, como se acordó previamente, de un plan norteamericano de reconstrucción, entrenamiento y del reestablecimiento de la cooperación en seguridad, en colaboración con un consejo de supervisión exterior (los EE.UU, Egipto y Jordania.) El apoyo del Cuarteto a los esfuerzos para lograr un cese del fuego permanente y completo.

- Se afirman todas las organizaciones de seguridad palestinas en tres servicios que se reportan a un Secretario de Interior apoderado.

- Las fuerzas de seguridad palestinas reestructuradas y reentrenadas y las contrapartes de las Fuerzas de Defensa de Israel reestablecen paulatinamente la cooperación sobre seguridad y otros esfuerzos para la puesta en práctica del plan de trabajo de principio, incluyendo reuniones periódicas de alto nivel, con la participación de oficiales de seguridad de los EE.UU.

- Los estados árabes cortan el financiamiento público y privado y todas las demás formas de apoyo a los grupos que apoyan y se involucran en la violencia y el terror.
- Todos los donantes que proveen apoyo de presupuesto para los palestinos encauzan estos fondos a través de la Cuenta Única del Ministerio de Hacienda de Palestina.
- A medida que el nivel de seguridad avanza, las Fuerzas de Defensa de Israel se retiran progresivamente de las áreas ocupadas desde el 28 de septiembre de 2000, y ambas partes reestablecen el status quo que existía antes del 28 de septiembre de 2000. La seguridad Palestinas vuelve a desplegar sus tropas a las áreas abandonada por las Fuerzas de Defensas Israelí.

Establecimiento de instituciones palestinas

- Acción inmediata en un proceso creíble para elaborar un borrador de la constitución de la estadidad Palestina. Tan rápido como sea posible, el comité constitutivo pone en circulación el borrador de la constitución Palestina, basado en una democracia parlamentaria sólida y un gabinete con un Primer Secretario apoderado, para comentarios y debates públicos. El Comité Constitucional propone el sometimiento de un documento borrador tras las elecciones para que sea aprobado por las instituciones palestinas.
- Nombramiento de un primer secretario o gabinete interino con un cuerpo ejecutivo apoderado para la toma de decisiones y con autoridad.
- El Gobierno de Israel facilita por completo los viajes de los oficiales palestinos para el Consejo Legislativo de Palestina y las sesiones del gabinete, reentrenamiento en seguridad supervisado internacionalmente, actividades electorales y de

otras reformas, y otras medidas de apoyo relacionadas con los esfuerzos de reforma.

- Continuación de los nombramientos de secretarios palestinos apoderados para emprender reformas básicas. Terminación de otros pasos para lograr la separación genuina de los poderes, incluyendo cualquier reforma Palestina legal necesaria con tal fin.
- Establecimiento de una comisión electoral palestina independiente. El Consejo Legislativo de Palestina revisa la ley electoral.
- Logros palestinos en las áreas judicial, administrativa y económica, como lo establece la Fuerza de Trabajo Internacional para la Reforma Palestina.
- Tan pronto como sea posible, y basado en las medidas mencionadas arriba, y en el contexto del debate abierto y una campaña electoral/selección transparente de candidatos, basadas en un proceso libre, multipartidista, los palestinos celebran elecciones libres, abiertas y justas.
- El Gobierno de Israel facilita la ayuda electoral a la Fuerza de Trabajo, el registro de los votantes, el movimiento de los candidatos y de los oficiales electorales. Apoyo a las ONG's involucradas en el proceso electoral.
- El Gobierno de Israel reabre la Cámara Palestina de Comercio y otras instituciones palestinas cerradas en la parte oriental de Jerusalén, basándose en el compromiso de que tales instituciones funcionen en plena conformidad con los acuerdos previos entre las partes.

Respuesta humanitaria

- Israel emprende medidas para mejorar la situación humanitaria. Israel y los palestinos ponen en práctica por completo las recomendaciones del Informe de Bertini para mejorar las condiciones humanitarias, eliminando los toques de queda y relajando las restricciones de movimiento de las personas y bienes y permitiendo acceso completo, libre y sin impedimentos del personal internacional y humanitario.

- El Comité de Enlace *Ad Hoc* revisa la situación humanitaria y las posibilidades de desarrollo económico el del Margen Occidental y de Gaza, y lanza un esfuerzo a larga escala de ayuda con donaciones, incluyendo el esfuerzo de reforma.
- El Gobierno de Israel y la Autoridad Palestina continúan el proceso de despeje de ingresos y la transferencia de fondos, incluyendo garantías, de acuerdo con un mecanismo de monitoreo acordado transparente.

Sociedad Civil

- Apoyo sostenido de donaciones, incluyendo funciones extendidas, a través de Organizaciones Voluntarias Privadas/ONGs, para programas de contacto directo, iniciativas de desarrollo del sector privado y de la sociedad civil.

Asentamientos

- El Gobierno de Israel desmantela inmediatamente los puestos de asentamientos levantados desde marzo de 2001.
- De acuerdo con el Informe Mitchell Report, el Gobierno de Israel el Gobierno de Israel congela toda actividad de asentamiento (incluyendo el crecimiento natural de los asentamientos).

Fase II: Transición—Junio de 2003 a diciembre de 2003

En la segunda fase, los esfuerzos se concentran en la opción de crear un estado palestino independiente con fronteras provisionales y atributos de soberanía, basado en la nueva constitución, como una fase de transición hacia un acuerdo permanente sobre el status. Como se dijo, esta meta se puede lograr una vez que el pueblo palestino tenga un liderazgo que actúe resueltamente contra el terror, dispuesto y capaz de construir una democracia practicante basada en la tolerancia y en la libertad. Con un liderazgo así, las instituciones civiles reformadas y estructuras de seguridad, los palestinos tendrán el apoyo activo del Cuarteto y de la comunidad internacional más amplia para establecer un estado independiente y viable. El avance hacia la Fase II se basará en el juicio de consenso del Cuarteto sobre si las condiciones son adecuadas para proceder, teniendo en cuenta el desempeño de ambas partes. Apoyando y sosteniendo los esfuerzos para normalizar la vida de los palestinos, y establecer instituciones palestinas, la Fase II se inicia tras las elecciones palestinas, y culmina con la posible creación de un estado palestino independiente con fronteras provisionales en 2003. Sus metas principales son el desempeño en seguridad sostenido y completo, la cooperación efectiva en seguridad, la continuación de la normalización de la vida Palestina y la creación de instituciones, expansión de construcciones, mantenimiento de las metas expresadas en la Fase I, ratificación de una constitución Palestina democrática, el establecimiento formal del cargo de Primer Secretario, la consolidación de la reforma política, y la creación de un estado palestino con fronteras provisionales.

- **Conferencia Internacional:** Como lo acordó el Cuarteto, en consulta con las partes, inmediatamente tras la conclusión de las elecciones palestinas, apoyar la recuperación económica Palestina y lanzar un proceso que lleve al establecimiento de un estado palestino independiente con fronteras provisionales.
- Tal reunión sería inclusiva, basada en la meta de una paz completa para el Medio Oriente (entre Israel y Siria, y entre Israel y el Líbano), y basada en los principios descritos en el preámbulo de este documento.
- Los estados árabes reestablecen los vínculos con Israel previos a la *Intifada* (oficinas comerciales, etc...).
- Reavivamiento del compromiso multilateral sobre aspectos como los recursos acuíferos, medio ambiente, desarrollo económico, refugiados y temas sobre el control de armamento.

- Instituciones palestinas adecuadas completan y aprueban la nueva constitución para un estado palestino democrático e independiente. Si es necesario, deberían realizarse elecciones posteriores a la aprobación de la constitución.

- Se establece el gabinete de reformas apoderado con el cargo de primer secretario formalmente establecido y de acuerdo con el esbozo de la constitución.

- Desempeño continuo y completo de la seguridad, incluyendo la cooperación efectiva en seguridad que se presenta en la Fase I.

- Creación de un estado palestino independiente con fronteras provisionales a través del compromiso israelí-palestino, lanzado por la conferencia internacional. Como parte de este proceso, la puesta en práctica de los acuerdos previos, aumentar la máxima contigüidad territorial, incluyendo más acciones en los asentamientos, junto con el establecimiento de un estado palestino con fronteras provisionales.

- Mejoramiento del papel internacional en el monitoreo de la transición, con el apoyo activo, continuo, y operacional del Cuarteto.

- Los miembros del Cuarteto promueven el reconocimiento internacional del Estado Palestino, incluyendo su posible membresía de la ONU.

Fase III: Acuerdo sobre el Status Permanente y el fin del conflicto israelí-palestino — 2004 — 2005

El avance hacia la Fase III, basado en un juicio de consenso del Cuarteto, y tomando en cuenta las acciones de ambas partes, con el Cuarteto monitoreando. Los objetivos de la Fase III son la consolidación de la reforma y la estabilización de las instituciones palestinas, desempeño continuo y efectivo en seguridad de Palestina, y las negociaciones israelí-palestinas con miras a un acuerdo sobre el status permanente en 2005.

- **Segunda Conferencia Internacional:** Como lo acordó el Cuarteto, en consulta con las partes, a principios de 2004 apoyar el acuerdo al que se llegó sobre un estado palestino independiente con fronteras provisionales y lanzar formalmente un proceso con el apoyo activo, continuo y operacional del Cuarteto, que lleve a una resolución final y permanente sobre el status en in 2005, incluyendo las fronteras, Jerusalén, los refugiados, los asentamientos, y apoyar el avance hacia un acuerdo competo sobre el Medio Oriente entre Israel y el Líbano e Israel y Siria, para lograrlo tan pronto como sea posible.

- Avance continuo, efectivo en la agenda de reformas establecida por el Grupo preparando el acuerdo final sobre el status.

- Desempeño continuo y efectivo en seguridad, cooperación en seguridad efectiva sobre la base propuesta por la Fase I.

- Esfuerzos internacionales para facilitar la reforma y estabilizar las instituciones palestinas y la economía Palestina, preparando el acuerdo final sobre el status.

- Las partes llegan a un acuerdo final y completo sobre el status que pone fin al conflicto israelí-palestino en 2005, a través de un acuerdo negociado entre las partes, basado en las Resoluciones del Consejo de Seguridad de las Naciones Unidas 242, 338 y 1397, que pone fin a la ocupación que comenzó en 1967, e incluye una solución acordada, justa y realista al tema de los refugiados, y una solución negociada sobre el status de Jerusalén que toma en cuenta los aspectos políticos y religiosos de ambas partes, y protege los intereses religiosos de los judíos, cristianos y musulmanes de todo el mundo, y cumple con la visión de ambos estados, Israel y una Palestina soberana, independiente, democrática y viable, viviendo junto a Israel en paz y seguridad.

- Los estados árabes aceptan las plenas relaciones con Israel y la seguridad para todos los estados de la región, en el contexto de una paz completa entre los árabes y los israelíes.

Appendix B
PETICION PARA LA DEFENSA DE ISRAEL

Muestre su compromiso hacia Israel, nuestro amigo y aliado, al firmar la "Petición para colocarnos en defensa de Israel" hoy.

Petición para colocarnos en defensa de Israel
Al: Presidente George W. Bush
A los: Miembros del Senado de los Estados Unidos
Y miembros de la Cámara de Representantes

Sr. Presidente, como un estadounidense orgulloso, le felicito por su postura valiente durante la Operación Libertad Iraquí. Ciertamente el pueblo iraquí ha sido liberado, y Saddam y su Imperio Malvado están fuera de Irak y dados a la huida, y nuestras tropas, los Estados Unidos, están fuera de peligro en Irak.

Sin embargo me preocupa que nuestro aliado, Israel, sea obligado a pagar la cuenta del apaciguamiento con sus tierras. La OLP sigue siendo una organización terroristas y han enviado muchos palestinos a Irak con dinero y con instrucciones de martirio para matar a estadounidenses. El obligar a Israel a retirar sus tropas de las territorios cuando corren riesgos, no es aceptable. El demandar que prisioneros palestinos sean liberados no es aceptable. Banderas estadounidenses fueron quemadas y hubo celebración cuando estadounidenses murieron en Irak.

La guerra de los Estados Unidos contra el Terrorismo se inició el 11 de septiembre. El Alcalde Rudolph Giuliani fue el primer líder estadounidense de retar un intento de crear una liga entre el terrorismo islámico e Israel. Luego el príncipe saudita, afirmó: Creo que los Estados Unidos debe re-examinar sus políticas en el Medio Oriente y adoptar una postura mas balanceada hacia la causa palestina".

Giuliani rechazó un cheque por valor de 10 millones de dólares del príncipe saudita y dijo que las declaraciones de Alwaleed fueron "irresponsables y peligrosas". Sr. Presidente, por favor no fabrique un enlace entre la Guerra en Irak e Israel. Si alguien debe ser presionado debería ser la OLP.

El debilitar a Israel es crear un enlace entre Bagdad y el pueblo judío, y mandaría una señal a los potenciales Osamas y Saddams de que hay una justificación para el terror.

James Baker le aconsejó que "continúe la tradición de su padre del 1991" y que "tomara el momento". Creo firmemente que su amado padre cometió un grave error después de la Guerra del Golfo del 1991 al llevar a Israel a Madrid con fines de regalar sus tierras. Ruego a Dios que usted no repita el mismo error.

El 16 de abril tropas estadounidenses capturaron a Abu Abbas en Bagdad, el cerebro tras el ataque terrorista en el Achille Lauro, en el cual Leon Klinghoffer, un anciano indefenso en sillas de ruedas fue asesinado y su cuerpo y su silla tirada por la borda. Leon Klinghoffer y su esposa Marilyn tomaron el crucero para celebrar su trigésimo sexto aniversario de bodas. De acuerdo al Departamento de Estado, Abu Abbas fue miembro del comité ejecutivo de la Organización para la Liberación de Palestina entre los años 1984 y 1991. El Departamento de Justicia de los Estados Unidos dijo que no tenían bases para solicitar la extradición, dada que no hay cargos pendientes en su contra. ¿Usarían los israelíes los mismos parámetros en sus prisiones? ¿Tendremos "buenos terroristas" y "malos terroristas"?

La Autoridad Palestina demandó la libertad de Abu Abbas. El vocero de la AP dijo que la detención de Abbas por parte de las fuerzas estadounidenses violaba un acuerdo interino de paz en el Medio Oriente: "Nosotros demandamos que los Estados Unidos ponga en libertad a Abu Abbas. No tienen derecho de detenerlo", Dijo el secretario del gabinete palestino, Saeb Erekat.

"El acuerdo interino palestino-israelí, firmado el 28 de septiembre del 1995, establece que miembros de la Organización para la Liberación de Palestina no podrán ser detenidos o enjuiciados por actos cometidos antes del acuerdo de paz de Oslo, firmado el 13 de septiembre del 1993" estableció Erekat. Entonces añadió que "Este acuerdo interino fue firmado, por parte de los Estados Unidos por el Presidente Clinton y su Secretario de Estado Warren Christopher.

Los Estados Unidos demandaron que Israel transfiriera fondos pertenecientes a la Autoridad Palestina, y otorgara permisos a los palestinos que buscaban trabajo en Israel. Una de las principales formas en las cuales Israel ha reducido el terrorismo, desde el acuerdo interino, ha sido restringir el acceso de potenciales terroristas, no con financiarlos.

Sr. Presidente, humildemente apelamos a que no ponga en riesgo la seguridad y las vidas del pueblo judío, y las tierras bíblicas, por el avance político. Sr. Presidente, nuestros jóvenes (soldados) están defendiendo nuestra libertad, tal como hacen los jóvenes de Israel. Debemos defenderlos con nuestras oraciones y acciones hoy. Los terroristas no pueden ser recompensados.

La llamada "Hoja de Ruta" llama, no solamente al reconocimiento de un estado para la OLP, pero también que Israel devuelva toda la tierra que no estaba en su posesión previa al 1967 a la OLP. Esto incluye la división de Jerusalén, y poner prácticamente todos los lugares santos cristianos en manos islámicas, colocando a todo cristiano en ese territorio bajo leyes islámicas. Nos oponemos vehementemente a esto.

La OLP continúa siendo una organización terrorista. Continúan apoyando financiando y promoviendo ataques suicidas en territorios bíblicos. Son responsables de más de 2,300 actos de terrorismo en todo el mundo, incluyendo el asesinato de diplomáticos estadounidenses.

Sr. Presidente al pedirle a Israel que reconozca a una organización terrorista como la OLP, como un estado, viola la "Estrategia Nacional Para Combatir el Terrorismo" de los Estados Unidos. Ese documento establece objetivos de Seguridad Nacional tal como:

- "Destruir a los terroristas y sus organizaciones
- Denegar patrocinio, apoyo y santuario a terroristas
- Terminar el terrorismo patrocinado por estados
- Eliminar los santuarios y lugares seguros de los terroristas".

La OLP continúa ayudando, albergando y apoyando a organizaciones terroristas. Después de una plaga de ataques terroristas, el Departamento de Estado continuamente declara que "Arafat necesita tomar pasos inmediatos y efectivos para poner fin a todos los ataques y traer a los responsables a la justicia".

Arafat y la OLP han mostrado que no cooperaran con la guerra de los Estados Unidos contra el terrorismo. Los territorios controlados por la OLP se han vuelto los terrenos más seguros del planeta para las organizaciones terroristas. En contraste Israel ha hecho grandes sacrificios y se ha vuelto pasiva, cumpliendo con sus metas y objetivos terroristas al 100 por ciento.

Sr. Presidente usted ha anunciado que al momento que la OLP nombre a Mahmoud Abbas Primer Ministro, y que Abbas nombre su gabinete (y ya ha dicho que la mayoría serán miembros de Fatah) la "Hoja de Ruta" se iniciará y que el proceso será prioritario. Esto unirá al mundo contra Israel, un estado soberano.

Abbas no es amigo de la paz. Él fue clave en que la OLP rechazara el plan que comprende la paz propuesta en el Campamento de David y ha dicho públicamente que el Holocausto fue un mito.

El no es una solución al problema palestino, él simplemente es una cara nueva para la OLP. El gabinete de Abbas se compone de miembros fundamentalistas de la Fatah y son hombres de la confianza de Arafat. El Sr. Arafat, siendo el presidente de la Autoridad Palestina gobernante, puede despedir al Sr. Abbas, y sólo necesita al parlamento para formar un gobierno. Abbas ha concluido que sin la bendición del Sr. Arafat su gabinete nunca obtendrá una mayoría.

Usted se dio cuenta que en Afganistán era necesario desarraigar al Talibán, no solo a Osama. Hicieron lo mismo en Irak. Sr.

Presidente, por favor permita que Israel aplique el mismo estándar a los grupos de la OLP designados por el Departamento de Estado estadounidense como "grupos terroristas" incluyendo a Hizbullah, PLF, PIJ, FPLP (Frente Palestino para la Liberación de Palestina), Jihad Islámica Palestina y el Frente Popular para la Liberación de Palestina.

Entiendo que los Estados Unidos está bajo presión de Rusia, las Naciones Unidas, la Unión Europea, y el mundo árabe, para que se sacrifique a Israel para apaciguar a estas naciones. Entiendo que el Cuarteto no le da mas importancia a Israel de lo que le pone Estanbul. Y a sus ojos Jerusalén no tiene mayor significado que Johanasburgo.

Yo creo que una de las razones que los Estados Unidos ha sido tan bendecido al pasar los años, es porque se ha parado junto a Israel. Soy un cristiano que cree en la Biblia. Tambien soy un estadounidense orgulloso que ama a su nación, y deseo que las bendiciones de Dios estén sobre nuestra nación. *"Bendeciré a los que te bendijeran"*. (Genesis 12:3)

Yo pido que Dios traiga avivamiento a los Estados Unidos, a la nación de Israel, como también un avivamiento a los pueblos árabes. Sin embargo, no puede venir si comprometemos nuestros principios morales y los valores bíblicos sobre los cuales nuestra nación fue fundada. (2 Crónicas 7:14)

Yo creo que un lazo entre Israel y los Estados Unidos es un imperativo moral. Yo considero que ese lazo es un mandato bíblico. La historia muestra que Dios trata con las naciones de acuerdo a como esas naciones tratan con Israel. Sobre todo yo apoyo al estado de Israel por razones bíblicas . *"Pues los plantaré sobre su tierra, y nunca más serán arrancados de su tierra que yo les di, ha dicho Jehová Dios tuyo"*. (Amos 9:15). Yo apoyo al pueblo judío por razones humanitarias.

Estoy orando que sus valores bíblicos y convicción moral prevalecerán y que usted se oponga, fuertemente, a esta "Hoja de Ruta".

Para firmar esta petición vaya a www.jpteam.org. Si no tiene acceso al internet escribanos a la siguiente dirección:

Jerusalem Prayer Team

P.O Box 910

Euless TX, 76039

Y le enviaremos una copia que podrá firmar. Si desea más de una copia favor de indicarlo en su carta. Cuando reunamos un millón de firmas esta petición será presentada al Presidente.

Apéndice C

¡ÚNASE AL EQUIPO DE ORACIÓN POR JERUSALÉN!

El Equipo de oración por Jerusalén es un movimiento intercesor para "guardar, proteger y defender a Eretz Yisraél hasta que el redentor venga a Sión".

Este movimiento de oración fue lanzado en junio de 2002 por Mike Evans. El Equipo de Oración por Jerusalén fue establecido con la meta de enlistar a un millón de miembros que oren a diario para la paz de Jerusalén de acuerdo al Salmo 122:6.

El Equipo nació de una reunión de oración de 100 años celebrado en el hogar de los ten Boom en Holanda. Terminó cuando esa familia fue llevada a los campos de concentración por salvar 800 vidas judías. Trescientos prominentes líderes estadounidenses tal como el Dr. Tim LaHaye, Rev. Joyce Meyer, Dr. Pat Robertson, y la Sra Anne Graham Lotz, junto con miles alrededor del mundo son parte de este movimiento de oración.

Nombre_____

Dirección_____

Ciudad,_____Estado____Código Postal_____

Email_____

Teléfono_____

Sea parte de las profecías al unirse hoy.

Su membresía es gratis.

Para más información visite nuestra página de internet en la dirección www.jpteam.org

Obsequios gratuitos a todo miembro nuevo

Equipo de Oración para Jerusalén – P.O. Box 910 – Euless TX, 76039-0910

Sobre el autor

Michael D. Evans es un autor de éxitos para para la revista TIME. Ha escrito 17 libros. Sus tres últimos incluyen: *The Prayer of David: In Times of Trouble* (La oración de David: en tiempos de problemas), *The Unanswered Prayers of Jesús* (Las oraciones no contestadas de Jesús), y *Why Christians Should Support Israel* (Por qué los Cristianos deben apoyar a Israel). Estos están disponibles en las librerias locales o al contactando al ministerio.

El Rev. Evans ha hecho apariciones en la *BBC*, el *Good Morning Show* de Londres, *Good Morning America, Nightline,* y *Crossfire*. Sus artículos han sido publicados en periodicos de todo el mundo incluyendo el *Wall Street Journal* y el *Jerusaelm Post*.

Ha sido confidente de la mayoría de los Primeros Ministros israelíes y a ambos los alcaldes de Jerusalén. Es el recipiente de varios galardones incluyendo el Reconocimiento de "Embajador Distinguido de Israel" por el Estado de Israel.

El Rev. Evans es un orador dinámico que ha hablado en más de 4,000 iglesias en 41 estadios en el mundo. Su voz se ha escuchado desde el Palacio Real en Madrid hasta El Palacio del Kremlin en Moscú. El ha estado en la punta de lanza en los eventos de Israel por más de dos décadas...desde el entierro estatal de YitzhakRabin, a la firma de los acuerdos de paz en el 1993, y la cuadragésima tercera Asamblea General de las Naciones Unidas en Génova.

En adición, el Sr. Evans es anfitrión de conferencias de oración en iglesias locales alrededor del mundo con lideres nacionales e internacionales. El honorable Ehud Olmert, antiguo alcalde de Jerusalén, y actual Vice Premiere de Israel, y el antiguo Primer Ministro Benjamín Netanyahu son amigos personales del Rev. Evans y su esposa Carolyn, es la fundadora de la Asociación de la Mujer Cristiana del Año. Esta organización ha presentado premios y reconocimientos a mujeres notables tales como: Ruth Graham, Elizabeth Dole, Madre Teresa, Bonete Bright, Didi Robertson y Shirley Dobson.

Mike y Carolyn residen en Fort Worth, Texas. Son padres de tres mujeres y un varón: Michelle, Shira, Rachel, y Michael David. Tienen tres nietos Jason, Ashley y Joshua.

Michael D. Evans
Telephone (817) 268-1228
Fax (817) 285-0962
Correo electrónico: jpteam@sbcglobal.net

Por favor incluya sus peticiones de oración y comentarios cuando contacte al autor.

Remi Levi, Embajador a las Americas para la Secretaria de Turismo, presenta a Mike Evans, con el premio del embajador en la NRB en febrero de 2003.

Una Noche para Honrar a Israel, organizada por Mike Evans para honrar al primer Alcalde de Jerusalén Teddy Kollek. Desde la izquierda a la derecha: Dr Mike Evans, Alcalde Teddy Kollek, Dr W.A. Criswell, y el Dr. Ben Armstrong.

Mike Evans con soldados en Beirut.

Menachem Bejín apoya "Israel, America's Key to Survival" (Israel la clave para la sobrevivencia de los Estados Unidos) en 1980, el primer libro de Mike Evans.

Mike Evans orando con el Primer Ministro Shimon Peres.

Mike Evans conforta a victimas del terrorismo en Israel.

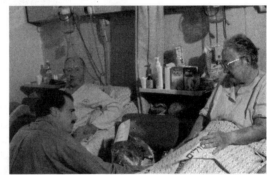

Mike Evans (izquierda) con soldados estadounidenses en Somalia, octubre del 1993

El Alcalde de Jerusalén Ehud Olmert y el Dr. Mike Evans en una conferencia de prensa para anunciar el lanzamiento del Equipo de Oración por Jerusalén.

El alcalde de Nueva York, Rudolph Giuliani y Mike Evans en Nueva York, en el año 2003.

Mike Evans presenta al primer ministro Yitzhak Shamir con medio millón de nombres de cristianos quienes han prometido sus oraciones y apoyo a Israel.

Mike Evans con su estimado amigo de 25 años El Secretario de Finanzas Benjamín Netanyahu

La relojería de Corrie ten Boom reabierto en 1985, Haarlem, Holanda

Mike Evans defiende la causa Israelí en el Palacio Real de Madrid Durante una conferencia de paz del Medio Oriente.

"El que tiene oído, oiga lo que el Espíritu dice a las iglesias. Al que venciere, daré de comer del maná escondido, y le daré una piedrecita blanca, y en la piedrecita escrito un nombre nuevo, el cual ninguno conoce sino aquel que lo recibe.

(Apocalipsis 2:17)

Visite nuestra página de internet:
www.EBEDPRESS.com

EBED PRESS
NEW YORK

267-549-58.49 (mario.)